DE LA CONDITION

DES OUVRIERS DE PARIS

DE 1789 JUSQU'EN 1841.

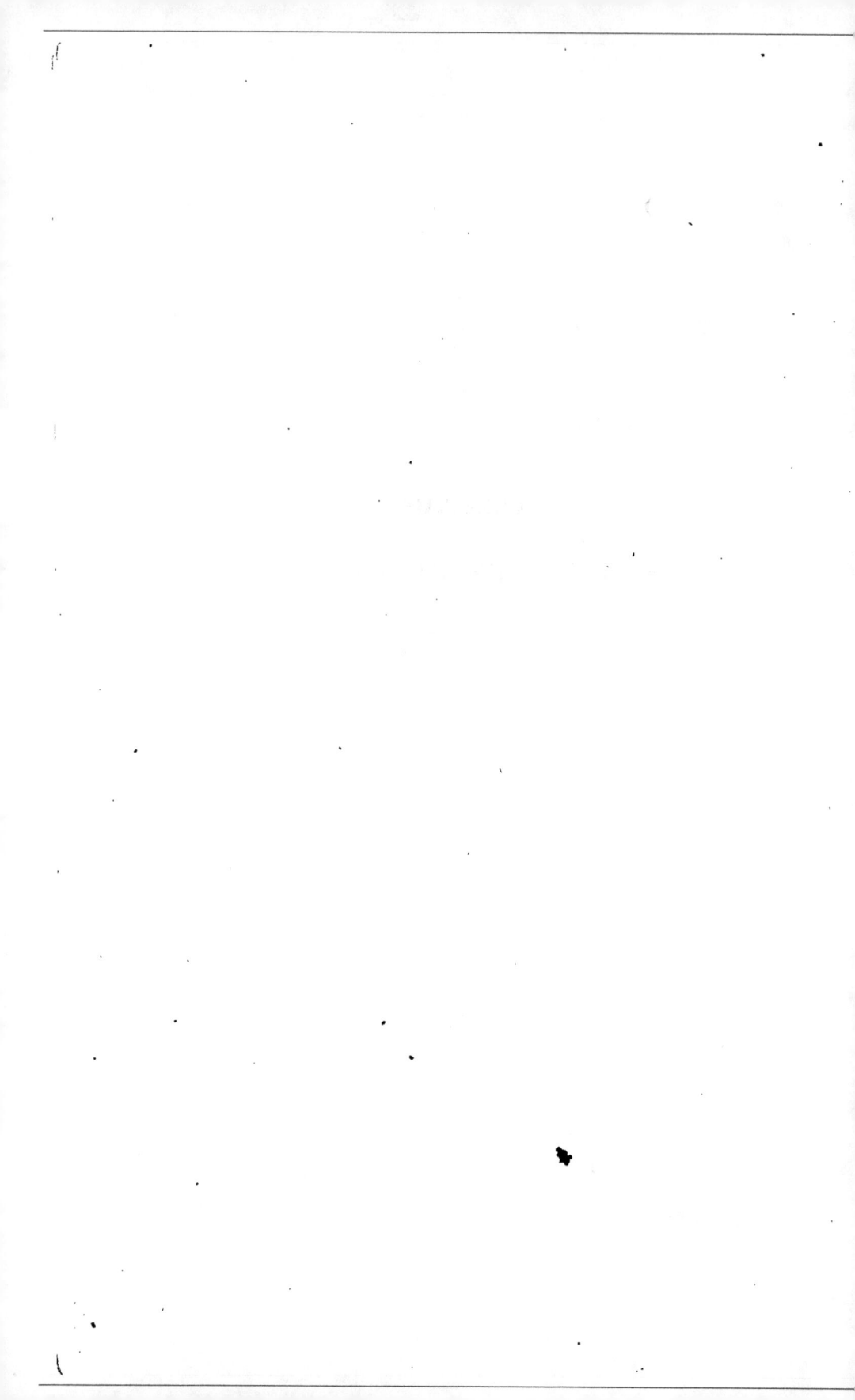

DE LA CONDITION

DES

OUVRIERS

DE PARIS

DE 1789 JUSQU'EN 1841,

AVEC QUELQUES IDÉES SUR LA POSSIBILITÉ
DE L'AMÉLIORER.

PARIS.

IMPRIMERIE DE J.-B. GROS,
RUE DU FOIN-SAINT-JACQUES, 18.

1841.

DES CORPORATIONS

ET DES LOIS

QUI RÉGIRENT L'INDUSTRIE

AVANT LA RÉVOLUTION.

———◦◦◦◦———

Les arts mécaniques, chez les peuples libres de
l'antiquité, suivirent les progrès des arts libéraux
et de toutes les branches des connaissances hu-
maines. Il en sera toujours ainsi : l'imagination
de l'artiste révèle la forme à l'ouvrier, les découvertes de la science lui fournissent sans cesse des
procédés meilleurs et de nouveaux éléments de
travail. Souvent ceux qui ne peuvent arriver au
premier rang comme artistes deviennent des artisans pleins de goût, et les écoles d'où sortirent
Euclide, Archimède et l'universel Aristote, devaient produire d'excellents mécaniciens et des
observateurs attentifs de la nature.

Ensuite, il est une cause morale qui explique
les prodigieux progrès des Grecs dans les arts.
C'est que chez eux tous les arts conduisaient à la
gloire et à la fortune. Dans toutes les villes grec-
ques d'Europe et d'Asie, Sparte seule exceptée,

1

les premiers citoyens avaient des ateliers, exerçaient des métiers, et bien que les esclaves en fussent les instruments, ainsi qu'ils l'étaient de
l'agriculture, ces mains serviles ne flétrirent pas
le travail parmi les Grecs, comme cela eut lieu
chez les Romains, qui n'avaient que la guerre
pour étendre leur domination et s'enrichir. Les
Athéniens regardaient les arts mécaniques comme
la gloire de la république et la force de l'État. Il
existe à ce sujet, dans les lois de Solon, une disposition extrêmement remarquable. Les étrangers, y est-il dit, qui viendront se fixer à Athènes
avec toute leur famille, pour établir un métier
ou une fabrique, pourront dès cet instant être
élevés à la dignité de citoyen.

Les Romains cherchaient à se distinguer à la tribune, à la guerre, acquéraient de la fortune dans les
emplois publics, civils ou militaires, mais ils n'exerçaient point de métiers, ne dirigeaient pas d'ateliers
ni d'usines. Tous ces travaux étaient laissés aux esclaves et aux affranchis. Les particuliers riches pos-
sédaient un grand nombre d'esclaves de toutes les
professions, et ces esclaves mis en location par
les maîtres, formaient une branche importante
de leurs revenus. Ils utilisaient toutes les dispositions de l'esclave, le faisaient élever dans les
sciences, les arts libéraux ou les métiers manuels,
afin de le louer le plus cher possible. On louait

des esclaves grammairiens, philosophes, maîtres
de danse, etc., ainsi que des cordonniers et tailleurs. Crassus, Caton, entretenaient chacun cinq
à six cents esclaves, poëtes, musiciens, lecteurs,
architectes, peintres et statuaires. Les citoyens
romains ne reconnaissaient d'autre source de
gloire que la guerre, et de travail qui n'avilit
pas, que la culture des champs.

Ces déplorables préjugés se sont propagés à
travers le moyen-âge jusqu'à nous, et se sont tellement enracinés que la révolution ne les a pas
complétement anéantis. Depuis longtemps on ne
déroge plus, il est vrai, en se montrant artiste ou
philosophe, mais, chose étrange, tandis que la
richesse occupe le premier rang, le moyen le plus
loyal de l'acquérir, le travail, est loin encore
d'obtenir la considération à laquelle il a droit.
Les professions se hiérarchisent dans l'opinion,
non d'après le profit qu'elles rapportent, ou l'intelligence qu'elles supposent, mais d'après de
bizarres distinctions qu'il serait assez souvent
difficile de motiver raisonnablement.

Aussitôt que des professions spéciales se furent
établies, les artisans qui les exerçaient se frac-
tionnèrent en autant de corps qu'il existait de
professions. En effet, chacune de ces professions
avait le progrès de sa spécialité à développer ; ce
progrès collectif était l'intérêt individuel de chaque

membre; de plus, tous désiraient défendre les
profits de la profession contre la concurrence.

Les documents historiques nous montrent les
corporations des arts et métiers contemporaines
de la fondation des villes (1). On les rencontre
chez toutes les nations anciennes et modernes;
mais comme par leur nature elles tendent à in-
féoder les professions dans les familles, il arrive
un temps où elles ne comprennent plus dans leur
sein les talents, les habiletés, et ne peuvent pas
répondre aux exigences de l'époque. Leur monopole pèse alors d'un poids intolérable, parce
qu'il arrête le progrès ; elles luttent en vain pour
défendre leurs priviléges ; ils leur sont arrachés,
et les acclamations publiques applaudissent.

La grandeur de leur succès a même parfois
été cause de leur chute. Lorsque les corporations
deviennent riches et puissantes, on les voit exposées aux spoliations du despotisme, aux effets des
jalousies qu'elles excitent, et elles sont modifiées
ou supprimées par le fait de leur sp'endeur,
comme par celui de leur déclin. Les corporations
existent d'abord par le consentement des membres qui s'unissent pour les former, et, plus tard,
elles ne peuvent s'établir qu'avec l'autorisation
du gouvernement.

(1) La loi de Solon porte que les métiers peuvent s'ériger en corporations en respectant les lois de 'État.

Les corporations à Rome se composèrent d'affranchis. Numa en rédigea les premiers réglements, réglements qui éprouvèrent par la suite de nombreuses transformations. Sous la république et l'empire, les corporations furent les instruments de l'administration; c'est avec leur aide que le gouvernement organisa son service intérieur, ses nombreuses armées, et qu'il développa le grandiose de son luxe architectural. Il y avait des corporations pour recueillir l'impôt, approvisionner Rome, la nourrir, construire et entretenir ses édifices, habiller ses soldats, les armer, et d'autres pourvoyaient aux besoins nombreu d'une ville pleine de richesses et adonnée à tous les plaisirs.

Les corporations percevant en nature tous les revenus du domaine public, exécutant tous les travaux du gouvernement, furent toujours tenues dans une extrême dépendance. Elles étaient responsables, non-seulement de leurs actes, mais encore des événements fortuits, des pertes éprouvées par suite de naufrages, d'incendies, de pirateries ou d'insolvabilité des fermiers du domaine. Avec une responsabilité aussi étendue, il avait fallu augmenter la garantie qu'offraient les corporations. Elles jouirent d'immenses priviléges pour le recouvrement de leurs créances. Dans les provinces, les collecteurs romains tenaient en

prison les fermiers qui ne payaient pas la rente,
les faisaient flageller, vendaient leurs fils et leurs
filles.

Les corporations romaines étaient industrielles
ou commerciales. Elles se subdivisaient en colléges de cinq à six cents membres, répandus sur
tout l'empire. Chaque collége élisait annuellement
des administrateurs qui portaient le nom de pa-
trons et de syndics, et tous les cinq ans un doyen
et deux assesseurs.

Ces corporations devinrent puissantes par les
biens qu'elles acquirent, mais les spoliations des
premiers empereurs les ruinèrent. Au commencement du IVᵉ siècle, plusieurs étaient comme
anéanties, en sorte que pour assurer les divers
services de l'administration, Constantin et ses successeurs furent obligés de les reconstituer toutes
sur de nouvelles bases. Les corporations furent
dotées et organisées comme plus tard les monas-
tères, sur le principe de la propriété collective et
de la jouissance commune. Elles fournissaient à
l'entretien de leurs membres, et percevaient le
prix du travail qu'elles exécutaient. Leurs propriétés étaient inaliénables, et elles héritaient de
la propriété individuelle des membres qui mouraient *intestat*, ou dont les héritiers refusaient
d'entrer dans la corporation. Bien que les ouvriers, artisans et autres membres fussent libres

et non pas esclaves, les lois de Constantin et de ses successeurs les rendirent serfs de la corporation à laquelle ils appartenaient. Ils ne purent disposer de leur temps que lorsqu'ils n'étaient pas requis par la corporation. Ni eux ni leur postérité ne purent la quitter, et ils y étaient forcément ramenés lorsqu'ils la désertaient.

La sévérité de ces lois ne réussit pas à faire revivre l'ancienne prospérité des corporations. Leur extrême dépendance du gouvernement, l'arbitraire de l'administration étaient des causes permanentes de ruine. Quelques-unes seulement survécurent au grand naufrage de l'empire romain.

On retrouve des débris de ces corporations romaines dans les chroniques du moyen-âge. On voit dans un capitulaire de Charlemagne, de l'année 800, que la corporation des boulangers doit être tenue au complet dans les provinces. On trouve dans l'édit de Piestes, de 864, des dispositions concernant le corps des orfèvres. On voit sous le règne de Charlemagne (1) un magistrat,

---

(1) Ducange parle du *rex arcariorum, rex arbalestariorum, rex merciorum, rex alatoriorum, rex juglatorum, rex ministellorum.* De même qu'à Rome on voit, pendant le cours du moyen-âge, les corporations soumises aux grands officiers de la couronne. Le grand panetier avait sous lui les boulangers ; le grand queux, les poissonniers ; le grand chambellan, les merciers, les drapiers, les foureurs ; le grand échanson, les marchands de vin ; à la juridiction de ces officiers s'attachait une redevance annuelle, payée par les métiers,

nommé roi des merciers, chargé de la police des artisans et du gouvernement des corporations des marchands. Les attributions de sa charge étaient considérables, et ne cessèrent que lorsque François II la supprima en 1744. C'était le roi des merciers qui donnait les brevets d'apprentissage et les lettres de maîtrise en exigeant des droits pour leurs expéditions. Il faisait faire des visites par ses officiers, examinait les poids et mesures et la qualité de la marchandise. Cette juridiction n'avait pas lieu seulement dans la capitale, elle s'étendait également dans les provinces.

Charles, duc d'Artois, fils de François 1er, avait, comme grand chambellan, exercé ces fonctions. Après sa mort on rétablit le roi des merciers. qui fut encore détrôné par l'édit de Henri III, en 1581. Il reparut néanmoins encore un moment, mais fut définitivement proscrit par Henri IV qui maintint l'édit de 1581, édit qui avait établi le *droit royal* que devaient payer tous ceux qui voulaient exercer un art mécanique érigé en jurande.

indépendamment des amendes et confiscations. Ces maîtrises suprêmes des métiers étaient fréquemment inféodées. Des débris de cet ordre de chose subsistaient encore à l'époque de la révolution. Le médecin du roi délivrait à tous les charlatans les diplômes qui les autorisaient à vendre des drogues au peuple sur les places publiques, et, sous la restauration, nous avons vu encore les premiers gentilshommes administrer les théâtres.

Comme, avant 1258, on ne voit pas que les ouvriers aient eu des statuts ou réglements, on doit supposer que les lois du roi des merciers étaient arbitraires.

Au retour de la seconde croisade, saint Louis ayant nommé Étienne Boileau à la prévôté de Paris, entreprit de concert avec lui de donner une forme régulière aux compagnies des marchands et artisans de cette ville. Le roi voulut que les réglements et statuts qu'il donnait à chaque confrérie d'ouvriers fussent approuvés par l'assemblée des bourgeois (1). L'ordonnance de saint Louis est connue sous le nom de *registre des métiers* et *marchandises*. D'après le principe de l'autorité royale admis alors, cette ordonnance émanant du roi n'exigeait pas le consentement de la commune pour être obligatoire ; mais, dès cette époque, on avait reconnu l'importance d'assurer aux lois l'assentiment des sommités sociales, afin qu'elles

(1) Sous le règne de Tibère, il existait dans l'île de Lutèce un établissement appartenant à la corporation générale des bateliers de l'empire. Ces bateliers faisaient le commerce de la Seine. Leur association fut l'origine de la communauté de Paris et leurs statuts devinrent la base de sa charte coutumière. C'est pour cela que la commune de Paris a un navire pour symbole héraldique, et que son maire prenait le nom de prévôt des marchands, qu'il ne faut pas confondre avec le prévôt de Paris, grand officier de la couronne qui représentait le roi dans la vicomté de Paris.

(*Histoire de Paris* de Félibien, inscription trouvée dans les fouilles faites en 1711 sous le chœur de Notre-Dame.)

fussent mieux exécutées, bien qu'à partir du régime militaire établi par Charles VII jusqu'à nos
jours, on n'ait guère tenu compte de cette doc-
trine.

Ces réglements et cette police, loin de nuire
aux arts mécaniques, en secondèrent l'essor, et
ils se sont toujours avancés vers la perfection toutes
les fois qu'ils n'ont pas été entravés par les guerres,
les discordes religieuses, les oppressions, etc.,

Turgot supprima les communautés d'arts et
métiers dans toutes les villes du royaume par son
édit de 1776. Quand cette suppression eut lieu,
plusieurs personnes faisaient observer que si
M. Turgot était persuadé de la nécessité de rendre
entièrement libre l'exercice des arts mécaniques,
il devait avancer pied à pied dans cette réforme,
désentraver aujourd'hui l'un, demain l'autre,
commencer par ceux qui exigent plus de lumières
que de fortune pour être convenablement exercés,
diminuer les frais de maîtrise et de réception,
mais laisser à toutes les corporations leur bureau,
leurs fonds, la police de leurs membres, la considération qu'elles s'étaient acquises, afin que
fortes de l'estime publique, elles examinassent
avec une noble indépendance les actes du gouvernement de nature à nuire ou à developper les
intérêts de la profession, avec la certitude d'obtenir l'attention, et l'espoir de voir triompher

leur opinion, si elle n'était pas contraire à la prospérité générale ; car c'est le but de toutes les corporations, et il ne saurait être atteint que lorsque
leurs paroles sont libres et qu'elles s'administrent
elles-mêmes. L'arrêt du conseil du 25 février 1776
interdisait à tous les corps de communauté le droit
d'exposer leurs raisons. Il y est dit formellement
qu'il n'a jamais été permis à aucun particulier de
discuter l'objet ou la disposition des lois : maxime
tyrannique, fausse par le fait, fausse dans le droit,
et qui prouve jusqu'à quel point l'esprit de système
peut égarer, puisque tous les principes qu'invoque
M. Turgot dans ses ouvrages démentent ce dictum
inquisiteur.

M. Turgot trancha la question des jurandes
sans la laisser mûrir pas la discussion publique.
L'opinion resta indifférente à une question qui
ne lui avait pas été posée ; personne n'en prit une
idée arrêtée, et les communautés furent rétablies
peu de temps après leur suppression ; mais dans
ce rétablissement, elles perdirent leur liberté.
Elles furent plus directement soumises aux influences de la police ; elles n'eurent qu'une existence précaire, et la nation fut persuadée que si
on les rétablissait, c'était bien plus pour s'assurer un impôt sur l'industrie que pour l'assujettir à
des règles utiles. Néanmoins sous bien des rapports il y eut amélioration. Les frais de maîtrise

furent moindres, et pour le même droit l'ouvrier
ou le marchand pouvait exercer plusieurs professions à la fois. L'édit d'août 1776 qui rétablit les
communautés, distingue deux sortes de professions. Il appella libres, celles non astreintes aux
jurandes, mais dans le fait aucune profession
n'était libre complétement; il existait toujours des
statuts plus ou moins sages, ou plus ou moins absurdes, qui en réglaient l'exercice.

Le principal objet de l'édit dont nous venons de
parler fut non seulement de réformer la discipline
des arts mécaniques, mais encore de réunir plusieurs professions ayant des rapports entre elles.
On avait remarqué que la plupart des procès en-
gagés par les corporations avaient pour cause les
empiétements des unes sur les droits des autres.
Le tailleur ne voulait point que le fripier fît des
habits; le miroitier s'opposait à ce que le tapissier
vendit des glaces, etc. Pour couper court à ces
querelles, sans cesse renaissantes, ou réunit
les professions dont les travaux ou les objets de
commerce s'attiraient mutuellement par la seule
force des choses.

Plus tard, la révolution procédant à la Turgot,
résolut d'un mot l'immense question de la concurrence. Il fallait que la concurrence fût suscep-
tible de s'accroître ou de se rétrécir en raison de
la quotité des salaires, et nous l'avons laissée in-

définie et affranchie de toute règle. Les Anglais
les premiers adoptèrent ces principes ; ils se sont
enrichis aux dépens de toutes les nations, tant
qu'ils ont été seuls à le suivre; mais il n'en est pas
de même aujourd'hui que toutes les nations prennent part à la grande lutte. C'est une véritable
guerre qui se fait comme l'autre à coups d'hommes
et de capitaux. Le paupérisme manufacturier mois-
sonne des milliers de créatures et des faillites sans
nombre sont les conséquences d'une fabrication qui n'attendant pas la demande pour produire,
surcharge toutes les villes du monde de ses produits.

Le gigantesque développement des exportations
anglaises alarma tous les gouvernements : ils ne
virent ni le travail de leur peuple, ni le numéraire
en circulation s'en accroître. Alors, non-seulement
l'Europe centrale, mais encore la Russie et les
États-Unis, les deux pays les plus essentiellement
agricoles, furent contraints de créer des manufactures, pour opposer quelque résistance à l'invasion des marchandises anglaises, et partout on
recourut au système des droits protecteurs.

Ainsi, dans leurs relations du dehors, tous les
peuples ont été amenés par la force des choses à
restreindre la liberté commerciale; mais la concurrence dans les productions et le commerce inté
rieur doit-elle être laissée sans autres limites que

les faillites des entrepreneurs et la mendicité des ouvriers. Telle est la question qu'agitent en France et en Angleterre les utopistes enrôlés sous diverses bannières. Quant à nous, nous croyons que la prudence prescrit d'attendre le témoignage des faits, de procéder graduellement à mesure que le mal se manifeste, et de n'adopter que les restrictions absolument nécessaires pour y remédier.

Nous sommes loin de désirer la résurrection du système irrégulier et restrictif qui réglementait les arts et métiers avant la révolution. Néanmoins il est incontestable qu'il présente plusieurs dispositions dont l'application serait encore utile. Lorsque M. Turgot en prononça l'abolition complète, voici les principales raisons que les antagonistes même des jurandes objectèrent contre la suppression absolue de toute condition d'apprentissage pour l'exercice des diverses professions. Ils disaient :

1° Que l'obligation imposée non-seulement de justifier d'un temps plus ou moins long d'apprentissage, selon les diverses professions, mais encore de prouver, par la production d'une œuvre qu'on sait réellement la profession dont on réclame la maîtrise, a pour effet de réduire la quantité des ouvriers dans les arts difficiles, en même temps qu'elle approprie ceux qui n'y réussissent pas aux arts grossiers tout aussi nécessaires. C'est ainsi que nous voyons les arts libéraux fournir aux arts industriels leurs meilleurs ouvriers ;

2° Que cette obligation prévient l'engorgement que fait naître une concurrence illimitée ; que conséquemment elle maintient le salaire des ouvriers au taux convenable pour qu'eux et leur famille puissent vivre ;

3° Que l'apprentissage habitue les jeunes gens au travail, à l'assiduité, et perfectionne les arts en mettant l'ouvrier à même d'en approfondir les règles ; que cette vérité est tellement évidente qu'en Angleterre la loi a fixé un apprentissage de sept ans pour toutes les professions ;

4° Que la durée de l'apprentissage empêche un grand nombre d'hommes de quitter l'agriculture pour s'appliquer aux métiers, et réprime l'affluence de la population rurale dans les villes.

Paris avait six corps de marchands et fabricants, et quarante-quatre communautés d'arts et métiers, dans lesquelles on ne pouvait être reçu qu'en payant certains droits et en remplissant certaines conditions, et dont on ne pouvait exercer publiquement la profession, sans en faire partie. Dans les provinces, l'édit de 1777 ne maintient que vingt communautés ou corps de marchands. Il y avait aussi, tant à Paris qu'à Lyon et dans

les autres grandes villes, un certain nombre de
professions dites libres. Nous en parlerons.

Il faut distinguer la réception de l'admission :
l'une devait précéder l'autre. L'admission se faisait par les gardes, syndics et adjoints seuls, et se
consommait par l'enregistrement de la réception
sur le livre de la communauté; au lieu que la réception avait lieu par-devant le procureur du roi
au Châtelet, à Paris, ou le juge de police dans les
provinces, en présence des syndics et adjoints de
la communauté. Ainsi la réception consistait dans
la prestation du serment entre les mains des ma-
gistrats, et l'admission dans l'enregistrement de
la réception et la délivrance des lettres de maîtrise.
Il y avait à payer pour tout cela des droits réglés par
la loi.

L'édit d'août 1776 réduisait à quatre ans sans
distinction l'apprentissage de toute profession, et
n'imposait pas non plus la production d'une
œuvre pour prouver l'habileté; néanmoins cette
preuve était exigée dans plusieurs corps de métiers, et le récipiendaire subissait un examen avant
d'être admis.

Pour être reçu maître, il fallait avoir vingt ans
accomplis et justifier de quatre ans d'apprentissage. Néanmoins, les enfants des maîtres ou maî-
tresses qui avaient été inscrits sur les registres de
la communauté pouvaient être reçus dès l'âge de

dix-huit ans , pourvu qu'ils eussent travaillé avec
leurs parents deux ans au moins.

Cette disposition était évidemment subversive de
l'institution; car cette institution n'existait que par
l'engagement tacite de donner au public des garanties d'habileté en échange du privilége dont la
corporation jouissait, et l'habileté dans les arts
n'est pas plus héréditaire que l'imagination du
poëte , le génie du philosophe , la pénétration,
la portée de vue de l'homme d'État. Le devoir de l'administration eût été de réprimer cet
esprit de monopole, mais le moyen qu'elle le pût
en prélevant sur les réceptions un droit fiscal , dis-
tinct des taxes imposées par les communautés pour
subvenir à leur charge?

Les veuves devaient se faire recevoir un an au
moins après la mort de leurs maris , et elles ne
payaient alors que la moitié des droits. Les enfants
qui avaient appris leur métier à l'hôpital de la
Trinité, jouissaient de la même remise sur les droits
de réception. Les femmes et les filles étaient reçues dans les communautés d'hommes , mais ne
pouvaient être admises aux assemblées. Nos pères
avaient parfaitement compris que l'occupation
des femmes assure l'aisance des familles et qu'elle
est la première garantie de la morale publique ;
c'est pourquoi bien qu'ils n'admissent pas les
femmes dans les assemblées, ils leur ouvraient

2

l'entrée des communautés industrielles, et elles pouvaient en exercer toutes les professions.

Les étrangers pouvaient se faire recevoir dans les communautés d'arts et métiers, et ils étaient alors affranchis du droit d'aubaine.

Les ouvriers qui voulaient exercer plusieurs professions étaient tenus de remplir les conditions imposées par les statuts des communautés dans lesquelles ils désiraient entrer. Ainsi, bien qu'à l'époque des maîtrises, des masses d'ouvriers n'étaient pas sans cesse exposées, comme aujourd'hui, à se trouver sans ouvrage par la fréquence des crises commerciales amenées par la concurrence illimitée, et cette immense lutte industrielle engagée entre toutes les nations du monde ; néanmoins, loin qu'alors on réduisît l'ouvrier à n'être que l'engrenage d'une machine, on pensait, considérant que presque tous les métiers ont leurs mortes saisons, qu'il fallait que l'ouvrier apprît plusieurs métiers, afin de s'assurer constamment du travail.

Les assemblées se composaient de tous les membres de la corporation, dans les villes où ils étaient peu nombreux, et des plus hauts taxés dans les grandes villes, comme Lyon et Paris. Toutes ces corporations avaient encore chacune des assemblées de députés élus dans l'assemblée générale et qui représentaient la communauté. Enfin,

elles avaient des gardes, syndics et adjoints pour
juger les affaires communes et exercer les droits
du corps. C'était le modèle d'un gouvernement
municipal bien organisé, et l'utilité en parut tellement évidente que les professions déclarées libres en adoptèrent aussi la forme.

A Paris et à Lyon, en vertu des édits d'août
1776 et janvier 1777, les corps et communautés
étaient représentés par des députés au nombre de
vingt-quatre pour les corps et communautés composés de moins de trois cents membres, et de
trente-six pour ceux qui étaient composés d'un
plus grand nombre.

Ces députés composaient l'assemblée ordinaire
de la communauté. Dans les six corps l'assemblée
était présidée par les gardes, et dans les communautés par les syndics et adjoints. Les délibérations
prises obligeaient tous les membres de la communauté et ne pouvaient être exécutées qu'après
avoir été homologuées, à Paris, par le lieutenant
de police, à Lyon, par le consulat, à Bordeaux,
par les jurats, et en général par le magistrat chargé de la police. On traitait dans l'assemblée de la
répartition, de la capitation des membres, des
dettes et procès de la communauté, et de tout ce
qui pouvait intéresser sa spécialité.

Les assemblées des membres des corporations
pour l'élection des députés, étaient convoquées

tous les ans par le magistrat de police. Elles se composaient, à Paris, de deux cents membres pour les corps et communautés de moins de six cents maîtres et de quatre cents pour celles qui dépassaient ce nombre. Les membres les plus imposés à la capitation formaient l'assemblée. A Lyon, les assemblées électives ne pouvaient être de plus de trois cents membres, mais tous successivement y étaient appelés par rang d'ancienneté. Ce mode pouvait valoir mieux.

A Paris et à Lyon le magistrat de police subdivisait ces assemblées en sections, lorsqu'elles étaient de plus de cent membres, afin qu'elles ne fussent pas tumultueuses. Chaque section qui se composait des membres électeurs habitant le quartier, élisait le nombre des députés qui lui était assigné.

L'édit d'avril 1777 et le réglement annexé à la déclaration du 1ᵉʳ mai 1782 portaient que les communautés qui ne seront pas composées de plus de vingt maîtres pourront s'assembler en commun tant pour la nomination de leurs syndics et adjoints que pour leurs affaires, sans nommer des députés.

Les communautés plus nombreuses, mais au-dessous de celles dont nous avons parlé, étaient représentées par dix députés choisis dans les assemblées générales convoquées par le juge de po-

lice. Les assemblées générales, ainsi que celles
des députés, étaient dans toutes les communautés
présidées par leurs gardes, syndics et adjoints.

Les gardes remplissaient dans les six corps les
mêmes fonctions que les syndics dans les communautés. Il y avait trois gardes et trois adjoints
dans chacun des six corps, et dans chaque communauté, deux syndics et deux adjoints, à l'exception toutefois des professions déclarées libres,
pour lesquelles il n'y avait qu'un syndic et un
adjoint.

Ils avaient tous également, aux termes de l'édit
d'avril 1776, la régie et administration des affaires et le maniement des revenus desdits corps
et communautés; ils étaient chargés de veiller à
la discipline des membres et à l'exécution des
réglements. Ils exerçaient pendant deux années
consécutives les fonctions qui leur étaient attri-
buées. La première en qualité d'adjoint, la seconde en qualité de garde ou syndic.

Leur élection se faisait au scrutin par l'assemblée des députés, trois jours après que ceux-ci
avaient été élus; et cette opération avait lieu par-
devant le procureur du roi au Châtelet ou le juge
de police. Les communautés déclarées libres faisaient exception à cette règle; pour elles, l'adjoint
était nommé par le lieutenant de police, à mesure
que le syndic sortait de charge (car on doit ob-

server que ce n'étaient point les syndics que l'on nommait, mais les adjoints, ceux-ci devenant syndics la seconde année). Les adjoints ne pouvaient être choisis que parmi les maîtres nommés députés l'année précédente.

Les maîtres exerçaient leur profession exclusivement à tous autres, et avaient le droit d'empêcher par voie de saisie ceux qui n'étaient pas reçus de l'exercer.

La communauté avait une police de surveillance sur ses membres afin de s'assurer de l'observation des statuts; elle pouvait s'imposer de légères contributions, et contracter des emprunts publics, lorsqu'elle y était autorisée.

Aujourd'hui que la science du banquiste a fait de si importants progrès, avec combien d'avantage pour le crédit de l'ouvrier patenté, ne pourrait-on pas utiliser la garantie collective de l'association à laquelle il appartiendrait?

Les gardes, les syndics et adjoints (1) étaient tenus de faire chaque année quatre visites au moins chez tous les maîtres, à l'effet de reconnaître s'ils se conformaient aux réglements, de s'informer de la conduite de leurs apprentis, compagnons ou garçons de boutique, et d'en

(1) Déclaration de 1782.

rendre compte à l'assemblée des députés de la
communauté, devant laquelle ils citaient pour y
être admonestés, les maîtres qu'ils avaient trouvés
en faute. En cas de récidive, les syndics et adjoints
remettaient leurs procès-verbaux entre les mains
du substitut du procureur du roi pour y être pourvu à sa requête, si la contravention intéressait
l'ordre public, à la requête des syndics et adjoints
s'il ne s'agissait que des intérêts de la communauté.

La police et le contentieux des arts et métiers
ressortissaient, avant l'ordonnance de Moulins, de
l'administration municipale, mais après d'inutiles
résistances, ces fonctions furent définitivement at-
tribuées aux lieutenants généraux de police par l'é-
dit d'octobre 1696.

Les manufactures, l'élection des gardes, syndics, adjoints, les brevets d'apprentissage et l'exécution des statuts et réglements étaient dans leurs
attributions. L'édit d'août 1776 dit que les contestations concernant les corps des marchands,
arts et *métiers* et la police générale et particulière
des communautés continueront d'être portées en
première instance au Châtelet, sauf l'appel au
parlement. A Lyon, c'est le consulat qui était
chargé de cette partie, et dans les autres villes, le
juge de police. Nous avons remarqué qu'il y avait
des professions libres, c'est-à-dire qui n'étaient

pas érigées en jurandes (1). Toutes personnes, porte
l'édit d'août 1776, pourront exercer ces professions à la charge de faire leur déclaration devant
le lieutenant de police, et le certificat de cette déclaration devait être transcrit par les syndics et adjoints sur un registre.

Ainsi, les professions libres avaient chacune un
syndic et un adjoint; mais elles n'avaient pas ,
comme les professions payantes, d'assemblée pour
élire ces officiers. C'était, ainsi que nous l'avons
dit, le lieutenant de police qui nommait l'adjoint
chaque année pour remplacer celui qui passait au
grade de syndic. Le rapport des visites se faisait par
procès-verbal remis au commissaire du quartier,
qui en rendait compte à l'audience du lieutenant de
police.

---

(1) Les professions déclarées libres par l'édit, sont :

1º Les bouquetières, 2º les brossiers, les buandiers, 4º les car-
deurs de laine et de coton, 5º les coiffeuses de femmes, 6º les cor-
diers, 7º les frippiers-brocanteurs qui achètent et vendent dans les
rues, halles et marchés et non en places fixes, 8º les faiseurs de
fouets, 9º les jardiniers, 10º les lainières-filassières, 11º les pains
d'épices, 12º les maîtres de danse, 13º les nattiers, 14º les oiseleurs,
15º les patenostriers, 16º les bouchonniers, 17º les pêcheurs à verges,
18º lavatiers, 19º tisserands, 20º vanniers, 21º vidangeurs. Bien que
ces professions fussent dénommées libres, parce qu'elles ne payaient
aucun impôt au fisc, on ne doit pas croire qu'il n'en coutât rien pour
les exercer; il y avait toujours des frais au-dessus de ceux portés
par l'ordonnance et qu'on ne connaissait que par la pratique.

Les maîtrises de l'hôtel du roi étaient de vieux
débris de la féodalité. Le prévôt de l'hôtel du roi
avait conservé le droit de donner ou plutôt de
vendre des priviléges, dans presque tous les corps
et communautés de marchands et artisans. Les
privilégiés jouissaient de tous les avantages, liber-
tés et priviléges des autres maîtres; mais ils étaient
soumis à la juridiction du grand prévôt, sauf l'appel au grand conseil. Tout ouvrier ou marchand
qui obtenait des lettres du prévôt était tenu de les
faire signifier aux syndics et adjoints de la communauté de la profession qu'il exerçait.

Avec de semblables abus les corporations ne pouvaient conserver longtemps leur importance-so-
ciale, ni continuer de favoriser les progrès des arts.
Leurs conditions d'admission cessaient d'être des
garanties d'habileté; elles ne se présentaient plus
que comme des obtacles pour l'apprenti habile,
mais pauvre, et comme prime d'encouragement
pour les mauvais ouvriers qui avaient de l'argent.

Les hôpitaux destinés à donner asile aux pauvres
enfants, jouissaient de certains priviléges relatifs
à l'exercice des arts et métiers. Nous avons déjà dit
que les enfants qui avaient appris leur métier dans
celui de la Trinité, ne payaient que la moitié des
frais de réception; nous ajoutons que les ouvriers
qui, dans l'hôpital; avaient enseigné pendant
vingt ans une profession aux enfants, étaient maî-

tres de droit; mais ces maîtrises n'étaient pas subversives des corporations comme celles conférées
par le prévôt de l'hôtel du roi.

Citoyens ou affranchis, les membres des corporations de l'antiquité étaient bien des hommes libres, mais elles avaient des esclaves pour instruments. L'esclave était une chose dont on chan-
geait si elle ne se trouvait pas appropriée à l'usage
qu'on en voulait faire. Il ne pouvait donc exister
des conditions d'apprentissage.

Les anciens atteignirent dans les arts libéraux
une perfection qui sert encore de modèle, leurs découvertes dans les sciences ne furent dépassées
qu'à la renaissance; mais quant aux arts industriels les progrès qu'ils firent ne peuvent nulle-
ment se comparer à ceux accomplis dans les temps
modernes, ni même à ceux effectués au moyen-
âge.

Les conditions d'apprentissage, l'influence morale qu'elles exercent sur les ouvriers, les lumières
et la force qu'en reçoit l'administration, voilà en
quoi consistent les avantages que les corporations
peuvent offrir à la société; avantages immenses,
mais qu'on ne saurait réaliser qu'autant qu'on res-
pecte la propriété et l'indépendance collectives de
la corporation et les droits sur lesquels elle est
fondée. Que si les personnes qui jouissent d'exemptions sont aussi nombreuses que celles soumises

à la règle, l'anarchie alors se développe et les plus sages institutions tombent.

Les maîtrises de l'hôtel du roi n'étaient pas seules exemptes des conditions d'apprentissage ; les enfants élevés dans les hospices n'étaient pas seuls non plus à ne payer que la moitié des frais et droits de réception ; les exemptions ne pouvaient se compter

Les lettres-patentes du 22 décembre 1602 permettaient aux personnes qui n'étaient pas reçues maîtres et qui demeuraient dans les galeries du Louvre, de travailler sans être inquiétées ni empêchées par les syndics, gardes et adjoints des corporations. En outre, nombre de seigneurs, tant ecclésiastiques que laïques, jouissaient dans plusieurs villes et notamment à Paris, du droit de franchise sur les ouvriers établis chez eux. Tels étaient à Paris le faubourg Saint-Antoine. Saint-Jean-de-Latran, l'enclos du Temple, une partie de la rue de Loursine, le faubourg Saint-Marceau, l'enclos de Saint-Denis, de la Châtre, de Saint-Germain-des-Prés, de Saint-Martin-des-champs, etc., etc. Les seigneurs hauts justiciers de ces lieux avaient été maintenus en grande partie dans la jouissance de ces priviléges. Les marchands et artisans établis dans l'étendue desdites justices étaient tenus, aux termes de l'édit d'août 1776, de se faire inscrire sur les registres de la police. Ils étaient en conséquence assujettis aux visites des gardes, syndics et adjoints des communautés. Ces visites étaient faites par ordre du lieutenant de police, avec l'assistance d'un commissaire au Châtelet. Les officiers royaux prononçaient sur les contraventions aux réglements, mais les amendes encourues par les marchands et artisans établis dans ces lieux privilégiés, étaient partagées par moitié entre le roi et les seigneurs hauts justiciers.

Les marchandises des ouvriers habitant les lieux privilégiés étaient sujettes à saisie, lorsqu'elles entraient en ville, à moins que l'ouvrier auquel elles appartenaient ne se fût fait agréer dans la communauté en payant la moitié de ce qu'il en coûtait pour la réception. Si l'ouvrier agréé quittait le lieu privilégié pour s'établir en ville, il était tenu de payer l'autre moitié des frais. Tel fut l'expédient auquel les corporations avaient eu recours, afin de n'être pas entièrement écrasées par la concurrence des marchandises que les lieux privilégiés introduisaient dans les villes.

Il existe une délibération du conseil de la ville de Paris de 1296 qui porte : « qu'on élira vingt-» quatre prud'hommes de Paris qui seront tenus » de venir au parloir aux bourgeois, au mande-» ment du prévôt des marchands et des échevins; » qui conseilleront les bonnes gens et iront avec le

» prévôt et les échevins chez les maîtres, le roi, ou
» ailleurs, à Paris ou dehors, pour le profit de la
» ville. »

Ces prud'hommes qui allaient avec le prévôt des marchands et les échevins faire la visite chez les maîtres furent l'origine des gardes, syndics établis depuis dans chaque communauté d'arts et métiers.

Le titre de prud'hommes a toujours désigné les personnes expérimentées sur une matière quelconque ; la coutume de Paris se servait du mot prud'homme pour experts. Ce nom dans les chartes des communes, des bourgs et des villes, est donné aux officiers municipaux des lieux ; ils sont ainsi qualifiés comme étant choisis entre les citoyens les plus vertueux, les plus sages et les plus instruits en fait d'administration et de justice.

La ville de Bourges a été administrée par quatre prud'hommes, jusqu'en 1474, qu'il intervint un édit portant qu'au lieu de quatre prud'hommes, la ville de Bourges serait gouvernée par un maire et douze échevins. Un édit de Louis XI de 1464 porte pouvoir aux « conseillers, bourgeois, manants
» et habitants de la ville de Lyon, de commettre un
» prud'homme suffisant et idoine pour régler
» les contestations qui pourraient arriver entre
» les marchands fréquentant les foires de Lyon. »

Il existait à Marseille , pour la pêche , une juridiction dont les juges étaient appelés prud'hommes;
ils étaient au nombre de quatre et élus annuellement par les pêcheurs.

En parcourant l'histoire de notre législation ,
on trouve fréquemment des prud'hommes exerçant des fonctions judiciaires; mais jugeant d'après
l'équité, des usages traditionnels , plutôt que par
l'application d'une loi écrite : voilà pourquoi les
prud'hommes ne sont jamais nommés que par
les parties. En effet , ils agissent comme experts,
comme arbitres et non comme le juge légiste, cir-
conscrit dans le texte de la loi. Dans les localités
où la juridiction des prud'hommes subsiste encore,
les tribunaux de commerce leur renvoient le ju-
gement des causes pour lesquelles , ailleurs , ces
mêmes tribunaux commettent des arbitres.

Nous pensons donc qu'il ne faudrait pas perdre
de vue ces principes dans l'institution d'un conseil
de prud'hommes, appelé à juger les contestations
entre les ouvriers et ceux qui les emploient.

La nomination de ce conseil nous paraît une
question double, c'est pourquoi avant de l'examiner
nous avons d'abord cherché à nous rendre compte
de ce qu'était anciennement l'organisation des
corps et métiers; maintenant nous devons consi-
dérer les chances auxquelles sont exposés les salaires, les rapports industriels des ouvriers entre eux

et avec ceux qui les emploient, et enfin nous devons rechercher quelle serait l'organisation industrielle la plus avantageuse à la fois aux ouvriers,
aux maîtres et offrant le plus de garantie à la su-
reté publique, et quelles devraient être les assemblées, colléges ou comités qui éliraient les
prud'hommes.

DE LA FORMATION

D'UN CONSEIL DE PRUD'HOMMES A PARIS,

ET DE

L'ORGANISATION DES OUVRIERS.

Jusqu'ici les conseils de prud'hommes n'ont eu
pour objet que l'arbitrage des contestations qui
s'élèvent au sujet des modèles, dessins, échantillons et marques, ainsi que des difficultés qui
naissent entre les industries dépendantes les unes
des autres, relativement à l'exécution de l'ouvrage. Mais, bien que les conseils de prud'hommes
jugent si les conditions convenues ont été exac-
tement remplies, ils ne sont jamais intervenus
dans la question des salaires et d'après les organisations qu'ils ont reçues, ils ne sauraient même
le faire avec efficacité.

L'intervention des conseils de prud'hommes
entre les ouvriers et ceux qui les emploient ne
pourraient avoir lieu d'une manière utile qu'autant que ces conseils seraient mis à même de
connaître toujours la situation des ouvriers des
diverses industries, et investis en même temps

d'une autorité protectrice de telle nature qu'elle leur donnât de l'ascendant sur les ouvriers.

Pour que ces conseils pussent avoir des rapports suivis avec les ouvriers des diverses industries, et exercer sur eux l'autorité qui leur serait dévolue, il faudrait que les ouvriers fussent organisés; mais, avant de s'occuper de cette organisation et de celle des conseils de prud'hommes, il convient d'abord de jeter un coup d'œil sur l'immense question sociale des salaires; car ce sont les causes générales des variations, qui indiquent les mesures que doivent prendre les gouvernements pour prévenir les perturbations.

On peut dire, en termes généraux, que la quotité des salaires est réellement déterminée par la quantité de l'ouvrage, par la demande plus ou moins considérable de marchandise, comparée au nombre des ouvriers; cependant cette quotité de salaires est, avant tout, déterminée par les autres frais de fabrication, frais excessivement variables, et qu'affectent les découvertes et inventions nouvelles, la cherté des locations, l'impôt auquel l'industrie ou les machines sont assujetties, le taux de l'intérêt de l'argent et la facilité plus ou moins grande des crédits. Il est bien évident que la diminution et l'augmentation des autres frais de fabrication augmente ou diminue les prix qui

peuvent être alloués pour salaire; car le fabricant
ne fera travailler que tout autant que le prix de
vente de la marchandise le remboursera de tous
les frais, les salaires compris, et lui donnera de
plus le bénéfice de fabrication. Ainsi donc, ce
qu'il en coûte à l'ouvrier pour vivre n'entre pour
rien dans la fixation de son salaire; mais, indépendamment des causes générales et réelles qui
affectent les salaires, il en est de factices qui proviennent des coalitions, des fabricants ou de
celles des ouvriers.

L'équilibre entre la production et la consommation tend sans cesse à s'établir; mais il n'existe
jamais, parce que la circulation est toujours plus
ou moins entravée par les douanes; en outre, les
événements politiques, les inventions et perfectionnements de tous genres, changent perpétuel-
lement la valeur intrinsèque ou prix de revient
des choses, parce que, sous le nom de concurrence, il y a lutte entre les producteurs d'un
même article jusqu'à ce que les plus riches et les
plus habiles aient anéanti les plus pauvres et les
plus arriérés.

Sans doute il faut se hâter d'adopter les inventions et les perfectionnements de tous genres
pour ne pas tomber sous le joug de l'étranger;
mais il n'est pas moins important, il est urgent

même d'envisager les conséquences de ces inventions et perfectionnements sur le sort des ouvriers, afin de ne pas tomber dans l'impré-
voyance de nos voisins, et de conjurer le danger
avant qu'il ne soit imminent.

Le travail industriel est en France dans une
époque de transition ; la petite fabrication existe
encore, elle soutient, dans toutes les horreurs
de la misère, une lutte inégale contre les grands
capitaux et la puissance des machines. Ainsi,
quoique le *power-loom*, le tissage à la mécanique,
soit adopté dans plusieurs établissements, presque tout le tissage en France se fait toujours à
la main. Les anciens métiers ont, il est vrai,
reçu d'importantes améliorations ; mais ils ne
pourront pas tenir longtemps encore contre l'en-
vahissement du *power-loom*. Les divers genres
de fabrication dont s'occupe l'industrie de famille, ou qui sont exécutés dans les petits ateliers,
deviennent aussi chaque jour l'objet de grandes
entreprises qui opèrent par la subdivision du
travail et l'application des machines.

Pour que cette révolution dans la fabrication,
qui, par le bon marché, met le confort de la
vie à la portée de tous, soit bien réellement un
bienfait, il est nécessaire de pourvoir à l'occupation de la masse toujours croissante de bras non

employés. Car le progrès industriel est tel que l'accroissement de la population n'exige pas dans la fabrication l'emploi d'un plus grand nombre d'ouvriers. Les demandes augmentent bien ; mais cette augmentation graduelle n'exige l'emploi additionnel que d'un petit nombre de bras.

Les débats sur la loi relative à l'emploi des enfants dans les ateliers ont signalé les maux inhérents à l'organisation actuelle du travail de fabrication. Il a été prouvé que les abus et les vices de tous genres sont beaucoup plus nombreux dans les petits que dans les grands ateliers. Les ateliers de tissage ont été particulièrement cités comme ceux où l'espèce humaine dégénère le plus, au point que dans les arrondissements comme Cambrai, où le tissage est considérable, il a fallu réformer 180 et 190 conscrits pour en trouver 100 propres au service.

D'un autre côté, les plaintes portées devant les tribunaux de la Seine pour voies de fait commises sur des apprentis dans les petits ateliers de Paris, prouvent, concurremment avec les témoignages de MM. les députés, combien fréquemment la cupidité étouffe tout sentiment d'humanité, lorsque le travail s'exécute loin de tous les yeux. L'impossibilité de créer des moyens de surveillance efficace pour les petits ateliers de toute

nature, doit faire désirer que la révolution indus
trielle s'accomplisse rapidement, et que tout,
jusqu'aux plus petits objets, se fabrique dans les
grands établissements. L'humanité n'est pas moins
intéressée que les consommateurs à ce développement du progrès de la fabrication ; mais, si
nous ne voulons point être en proie à une cala-
mité plus épouvantable encore, au paupérisme
anglais, il est temps d'aviser aux mesures à prendre pour en prévenir l'invasion.

Ce fut quelques années après la paix, lorsque
la concurence du continent vint diminuer les bénéfices des manufacturiers de l'Angleterre, que
son gouvernement commença à s'occuper sérieusement de la question du paupérisme. Il provo-
qua les émigrations par tous les encouragements
possibles, tels que concessions de terres, passage
gratuit, avances d'outils, etc. ; l'émigration des
ouvriers et fermiers possédant quelques capitaux
est la seule qui ait lieu sans que le gouvernement
en paie les frais.

Toutefois, le plus haut chiffre que le total de
l'émigration, pendant une année, ait atteint n'a
été que de 100,000, chiffre qui paraît énorme
si l'on envisage la quantité de navires nécessaires
pour transporter en Amérique et en Australie
un pareil nombre d'individus, mais qui n'appro-

che pas pourtant de l'augmentation annuelle de
la population des trois royaumes, augmentation
qui dépasse 200,000 âmes.

L'émigration est donc insuffisante pour se débarrasser du paupérisme parvenu à un certain
degré. C'est parce qu'il s'en est convaincu que le
gouvernement anglais s'est mis à user de sa puissance pour forcer partout l'admission des marchandises anglaises. Il augmente bien ainsi les
exportations et conséquemment le travail des manufactures; mais il est bien démontré que ce n'est
là qu'un palliatif qui ne détruit pas le mal.

En effet, d'un côté, l'aristocratie maintient
toujours un tarif très-élevé sur l'importation de
toute substance alimentaire, afin d'éviter que les
fermages des terres ne viennent à baisser, et, de
là, il résulte que la nourriture est toujours chère.
D'un autre côté, cependant, les salaires restent
toujours très-bas, parce qu'il faut vendre au dehors en concurrence avec les manufactures du
continent. De plus, le numéraire qui arrive en
paiement en Angleterre se répand au dehors par
la raison toute simple que l'emploi en est plus
avantageux sur le continent qu'en Angleterre,
et la cherté des provisions porte encore tous les
petits rentiers à quitter l'Angleterre pour habiter
le continent. En sorte que, par l'effet combiné

de la cherté des subsistances, de la concurrence
des manufactures du continent et de l'augmentation annuelle de la population, la misère se
développe dans les trois royaumes d'une manière
vraiment effrayante.

Ce ne serait que tout autant que nous néglige-
rions de profiter des fautes de nos voisins que les
maux auxquels ils sont en proie deviendraient
dangereux pour nous ; mais si nous les laissons
grandir parmi nous, ils causeront des perturbations autrement sérieuses qu'en Angleterre, parce
que le peuple français, composé en partie d'anciens militaires, a un courage d'agression qu'est
loin d'avoir le peuple anglais.

De l'extrême misère de la petite fabrication et
de l'état d'infériorité de plusieurs des branches
de la grande, il résulte que le gouvernement doit
avoir deux objets en vue :

1° Hâter le progrès industriel par l'établissement des banques, des chemins de fer, des canaux et le développement des débouchés exté-
rieurs au moyen de traités de commerce conçus
avec intelligence ;

2° Pourvoir à l'occupation de cette multitude
de bras que donne l'augmentation de la popula-

tion, et que le progrès industriel laisse sans emploi. Le premier objet a jusqu'ici presque exclusivement absorbé l'attention du gouvernement. Cependant l'importance du second objet est égale à celle du premier, et semble marcher sur une ligne parallèle; car, à mesure que le progrès supprime des bras dans une des divisions des travaux de la société, l'intérêt social, sous le rapport de la richesse comme de la tranquillité publique, exige que les bras inoccupés soient dirigés vers les travaux susceptibles de progrès ou de développement.

Quand on songe que l'indienne est à 6 sous le mètre, la mousseline de laine à 18 sous, et le beurre à 48 sous la livre; que généralement les objets industriels de toute nature sont à des prix plus bas qu'on ne les a jamais connus, tandis que les productions du sol, les vins exceptés, sont à des prix exorbitants, on se demande si l'équilibre existe, si l'agriculture a fait autant de progrès que la fabrication; si notre territoire n'offre pas à défricher de vastes landes; et des marais considérables à dessécher, si la culture des fruits ne pourrait pas, par le fait de traités de commerce avec les États du Nord, recevoir un immense développement. Si nos fruits secs, mais plus parti-

culièrement nos confitures, étaient admises en
Angleterre au droit de 10 p. 100, droits auxquels nous recevons les fils de lin anglais, la plan-
tation des arbres fruitiers prendrait un immense
accroissement. Les terres labourables plantées de
pruniers, ainsi que celles du midi plantées de fi-
guiers, d'amandiers et de mûriers se louent le
triple de celles qui sont nues. Nos vins ne pour-
raient-ils pas retrouver dans l'Amérique du Sud
les débouchés qu'ils ont perdu ailleurs, si on af-
franchissait les cafés, cacaos et sucres qui en
proviennent, de la surtaxe dont ils sont frappés
comme produits étrangers; et même alors n'ob-
tiendrait-on pas du Brésil et des républiques His-
pano-Américaines, que nos soieries et nos vins
ne payassent chez eux que la moitié des droits que
paient les soieries et les vins des autres prove-
nances.

Vainement tenterait-on de faire refluer vers les
campagnes les hommes habitués aux travaux et
séjour des villes. Aussi est-ce pour nous une con-
viction acquise, qu'on ne préviendra les funestes
effets de l'encombrement des villes que par l'établissement des salles d'asile rurales qui s'établi-
raient à peu de frais à la campagne, et de la sortie
de nourrice jusqu'à l'âge de neuf ans, la nourriture et l'entretien des enfants n'y reviendraient

pas à plus de 50 et 55 cent. par jour ; de neuf à
dix-huit ans, leur travail dans les fermes-modèles
et l'école d'horticulture couvrirait au-delà de leurs
dépenses. Ainsi donc ces institutions, à part les
acquisitions des terres et frais de premier établissement, ne pourraient coûter à beaucoup près ce
que coûtent actuellement dans les villes l'éducation
des enfants exposés.

Observons que les paysans qui désertent les
campagnes sont en général des journaliers ; mais
que le métayer, le jardinier, le fermier, si petite
que soit sa ferme, et enfin les hommes aux capa-
cités desquels on accorde de bons gages, ne quittent pas les travaux des champs pour les métiers
des villes. Il n'est pas dans la nature de l'homme
d'aimer mieux travailler dans un atelier qu'au
grand air, et ce n'est jamais qu'avec regret et
pressé par la misère que le paysan abandonne
le pays de ses affections, le village où il est né.

Comme le bien-être des ouvriers est essentiellement lié à la prospérité agricole et industrielle
du pays, et qu'il n'y a pas de bon ordre possible,
si les salaires sont insuffisants pour faire vivre
l'ouvrier et sa famille, les rapides considérations
dont nous venons de faire procéder nos vues sur
l'organisation des ouvriers et des conseils de pru-
d'hommes ne sauraient être déplacées.

Quelles sont les conditions auxquelles les organisations des ouvriers devront satisfaire pour être acceptées par eux et accueillies par l'intérêt bien entendu de la société : tel est le problème à résoudre.

Les ouvriers de toutes professions sont exposés

1° Au manque d'ouvrage;

2° Aux maladies et aux accidents;

5° A laisser à leur mort une veuve et des enfants dans le besoin ;

4° Enfin, ils peuvent être victimes de la mauvaise foi et de coupables coalitions entre ceux qui les emploient.

Jamais entreprise industrielle n'a offert de plus beaux bénéfices que l'exploitation des mines d'Anzin. Un coupon d'un vingtième d'une action primitive est devenu une fortune. Eh bien ! on a vu ces riches spéculateurs abusant de là position misérable des cinq mille travailleurs agglomérés autour des quarante-huit puits en exploitation, réduire la journée à 1 fr. 55 cent. , 1 fr. 25 cent. et 1 fr. 15 cent. pour seize heures de travail au fond de la mine où leur vie est constamment exposée. La conduite des propriétaires d'Anzin n'est malheureusement pas sans exemple.

De plus , toute corporation est intéressée à conserver intacte sa réputation et son honneur, con-

séquemment elle doit posséder dans son sein une
autorité chargée d'y maintenir l'ordre, la bonne
foi, les habitudes laborieuses, et d'en expulser
les mauvais sujets. Cette autorité serait aussi ar-
bitre des contestations qui s'éleveraient soit entre
des membres, soit avec les personnes qui les emploieraient.

Il a été reconnu que les dernières émeutes,
1840, furent provoquées par les mauvais ouvriers
qui, dans toutes les professions, forment toujours
le plus grand nombre. L'insuffisance des salaires
ou le manque d'ouvrage n'y était pour rien; mais
tous s'élevaient contre les *tâcherons*. Les menuisiers se coalisèrent contre le marchandage. Le
marchandage est le sous-traité fait entre l'entrepreneur de menuiserie et un premier ouvrier. Ce
premier ouvrier auquel nous donnons ici la qua-
lification de maître, prend sous ses ordres des
ouvriers moins habiles et naturellement fait un
bénéfice sur un travail dont il a dirigé et surveillé
toute l'exécution. Ainsi, tandis que le simple ouvrier menuisier gagne 3 fr. 75 cent. à 4 r., le
maître ouvrier obtient pour sa journée de 10 à
12 fr. Dans presque tous les métiers la supério-
rité de salaires qu'obtenaient les tâcherons était la
cause de la révolte.

La différence des salaires (1) entre le simple journalier et l'ouvrier aux pièces est en effet considérable, mais elle résulte évidemment de ce que le tâcheron travaille mieux et plus longtemps. L'entrepreneur ne passe des marchés qu'avec les bons ouvriers, afin d'éviter les contestations que ferait naître la mauvaise exécution. Dans toutes les industries se retrouve cette ligne de démarcation qui divise les ouvriers en deux catégories. Les simples ouvriers à la journée ne sont pas assez habiles pour exiger les salaires les plus élevés ou pour qu'on leur confie l'ouvrage à forfait. Les premiers ouvriers qui obtiennent le haut salaire travaillent, dirigent le travail des autres dans l'atelier, et entreprennent des travaux à la tâche, sont des maîtres ouvriers qui n'ont pas encore acquis les moyens de prendre boutique, de payer patente, de se pourvoir de matières premières et de faire l'avance des salaires, ce sont les sous-officiers de l'industrie.

(1) Le sellier, à la journée, gagne de 3 fr. 50 cent. à 4 fr.; le maître-ouvrier, à la pièce, de 6 à 8 fr.; le charron, à la journée, de 4 à 5 fr.; à la pièce, de 6 à 7 fr. Le forgeron-étireur de ressorts, à la journée, de 6 à 10 fr.; le maître-ouvrier, à la pièce, de 20 à 30 fr. Les tailleurs de pierre, à la journée, de 3 fr. 75 cent. à 4 fr.; à la pièce, de 6 à 8 fr, etc.

Ainsi toutes les industries présentent quatre
classes bien distinctes, les apprentis, les ouvriers
à la journée ou compagnons, les maîtres ouvriers
et les entrepreneurs. Sous cette dernière déno-
mination, nous comprenons non-seulement les
maîtres ouvriers patentés, mais encore les fabricants, les manufacturiers, les spéculateurs, les
actionnaires des compagnies ; en un mot, tous
ceux qui emploient des ouvriers à fabriquer un
objet quelconque destiné à être vendu à bénéfice.
On ne doit pas perdre de vue que la mission des
conseils de prud'hommes serait de maintenir
l'harmonie entre toutes ces classes presque constamment en hostilités patentes ou cachées, et
d'éclairer le gouvernement du roi sur les souf-
frances qu'éprouvent les diverses industries. Ainsi
donc, c'est à ce conseil que toutes les contestations et renseignements concernant le travail industriel devraient aboutir.

L'administration ne délivrerait de livrets d'apprentis que sur la déclaration d'ouvriers patentés
qui constateraient que le nommé N... du consentement de ses parents (s'il est mineur), est entré
en apprentissage tel jour, pour tant de temps et
à telles conditions.

L'administration ne donnerait de livrets de

compagnons et de maîtres qu'aux porteurs des
certificats des comités ainsi qu'il sera dit.

On se tromperait si on voyait de l'arbitraire
dans la mesure qui prescrirait à l'administration
d'exiger l'autorisation des comités et permettrait
à ceux-ci de se faire payer une réception double
des ouvriers qui ne voudraient pas faire partie des
associations (1). Les comités auraient seuls qualité pour décider si l'ouvrier est compagnon ou
maître. Il est bien évident que les ouvriers qui
refuseraient de payer des cotisations destinées à
soulager le malade, l'infirme, la veuve et l'or-
phelin imposeraient cette charge à la charité publique, si eux ou leurs familles éprouvaient ces
infortuns.

Mais quand les avantages qu'offriraient ces
associations seraient bien appréciés, il se trouverait bien peu d'ouvriers qui refuseraient d'en
être. Ce serait même une punition extrêmement
sévère d'en être expulsé.

En effet, on s'en convaincra, si l'on réfléchit
que les membres de ces associations présenteraient

(1) Nous nous sommes fréquemment servi jusqu'ici du mot corporation, parce qu'il désignait parfaitement notre idée; mais les
mots ont trop d'influence en France pour qu'on doive s'exposer à
faire usage du mot corporation; le mot association est à la mode et
serait favorablement accueilli des ouvriers.

par le fait de la surveillance exercée sur eux, des garanties d'ordre et de bonne conduite que ne sauraient présenter les ouvriers qui n'en feraient pas partie, et que conséquemment les premiers seraient employés de préférence aux seconds. Ensuite chaque associé aurait pour trouver de l'ouvrage l'appui d'une association qui étendrait ses ramification sur toute la France, et il jouirait aussi de cet appui pour la défense de ses intérêts lorsque ses prétentions seraient fondées. Bientôt les ouvriers qui ne feraient pas partie des associations ne seraient employés que lorsqu'il ne s'en trouverait pas d'autres, et dans leurs contestations avec ceux qui les emploieraient, ils auraient à parcourir sous le poids de la défaveur les formes de la juridiction ordinaire.

Tous les députés qui ont pris part à la discussion de la loi sur le travail des enfants dans les manufactures, ont insisté sur la nécessité d'établir des salles d'asile dans les villes manufacturières, dans le but d'éviter que les enfants trop jeunes pour être admis au travail des manufactures, fussent livrés au vagabondage des rues, et afin qu'ils reçussent une éducation morale. Cette nécessité se fait sentir généralement partout, moins dans les campagnes sans doute, mais partout où l'homme et la femme doivent pour vivre, travailler hors de chez eux, les salles d'asile sont une nécessité. C'est une exigence de l'humanité qu'il en soit établi dans toutes les villes populeuses, mais dans les grands centres, la sûreté publique en impose l'obligation. Si donc, le nombre des salles d'asile ne suffit pas à Paris pour que tous les enfants des ouvriers puissent y être admis, il est d'une haute importance que l'administration s'occupe sans délai d'en établir d'autres. L'éducation commence au berceau; on ne saurait trop le répéter : et tout l'espoir d'une réforme morale est dans la multiplicité de ces établissements.

Il s'est créé, à Paris, quelques institutions musicales où des ouvriers vont après leurs travaux apprendre gratuitement, ou moyennant une redevance insignifiante, à développer leur voix. Ces institutions auront très-certainement la meilleure des influences morales, et les détourneront plus efficacement de l'ivrognerie et de la débauche des barrières que ne sauraient faire les plus rationelles exhortations. Il existe des cours de géométrie descriptive, de dessin, de chimie, de mécanique, appropriés aux besoins des ouvriers; ce serait le devoir des comités des associations de porter leurs associés à participer à tout ce mouvement progressif. Ils devraient avoir en vue de remplacer autant que possible les récréations du cabaret par celles qu'offre une instruction utile à la profession et engager les ouvriers, s'ils ont du temps de reste, à ne se livrer qu'aux amusements qui, comme ceux des institutions musicales, n'épuisent point leur bourse, afin d'augmenter leurs placements aux caisses d'épargne.

Des ouvriers se sont associés pour former l'établissement de la boulangerie dite véridique, afin de profiter eux-mêmes du bénéfice que font les boulangers. De pareilles associations ont lieu fréquemment parmi les ouvriers en Angleterre pour les objets qu'ils consomment habituellement. Les comités pourront suivre ces exemples, et engager les ouvriers qui se trouveraient nombreux dans un quartier à s'entendre pour accorder leur clientèle à un seul boucher, marchand de vin, épicier, fruitier, moyennant une réduction dans les prix. C'est ainsi que dans plusieurs circonstances, l'association donnerait le moyen aux ou-ouvriers de faire des économies, et que cette institution animerait la population ouvrière d'une vie, d'un désir de progrès qu'elle est bien loin de connaître.

Nous présentons seulement les bases des associations. Quant à leurs règlements respectifs, ils devraient répondre à toutes les prévisions et pour

cela n'être rédigés qu'après qu'on aurait consulté
les industriels patentés, et les ouvriers les plus
capables de raisonner.

Remarquons qu'à toutes les époques les entrepreneurs, les maîtres ouvriers en boutique ont
pu se réunir en corporation ou syndicat, afin
d'aviser aux moyens de contenir les ouvriers, et
de résister à leurs prétentions ; qu'ainsi il arrive
que par les coalitions des spéculateurs, le salaire
de l'ouvrier est réduit hors de toute proportion
avec les bénéfices de ces spéculateurs. L'industrie
fut bien émancipée en 1789 ; mais la loi française ne reçonnut jamais bien franchement aux
ouvriers le droit de se réunir. En Angleterre et aux
États-Unis, la loi laisse aux ouvriers comme aux
maîtres et spéculateurs la faculté de se coaliser
les uns contre les autres ; mais hâtons-nous de
reconnaître que ces coalitions de la part des
maîtres et spéculateurs, comme de celle des ouvriers, ne doivent pas être tolérées, qu'elles sont
l'abus de la liberté, et la guerre au sein de l'industrie.

Mais quelque sévères que soient les prohibi-
tions de la loi, contre les coalitions de toute nature, il sera toujours facile aux maîtres ouvriers
patentés, aux fabricants et entrepreneurs des
grandes exploitations, de s'entendre pour fixer

le taux des salaires. Il résulte de cet état de choses
le devoir pour l'autorité d'intervenir toutes les
fois que ces salaires sont insuffisants pour subvenir aux besoins de l'ouvrier, et, dans ce cas,
le fabricant doit être appelé à justifier par preuves évidentes que son bénéfice sur la fabrication
ne dépasse pas ce que rigoureusement il faut qu'il
soit, pour que le fabricant puisse continuer à
fabriquer. Car laisser aux fabricants et entrepreneurs de toutes sortes de fabrications, la faculté
de réduire l'ouvrier à la nécessité d'avoir recours
à la charité publique, c'est évidemment livrer à
la cupidité les ressources de cette charité. L'ouvrier ne peut du jour au lendemain prendre une
autre profession, s'appliquer au travail qu'il n'a
jamais fait; l'ouvrage qu'il a exécuté toute sa vie
lui a imposé une forme, et le plus souvent
il est incapable d'en changer. Il est donc complétement dans la dépendance de ceux qui l'emploient; c'est donc, nous le répétons, le devoir
de l'autorité de s'assurer que le salaire que reçoit
l'ouvrier suffit pour le faire vivre, parce que s'il
ne suffit pas, la société est forcément obligée de
payer la différence. Elle y est obligée non-seulement comme devoir d'humanité, mais encore
dans l'intérêt de sa sûreté, car les crimes se multi-
plient en raison de la misère.

Ainsi donc les nouveaux conseils des prud'-
hommes qu'il s'agit de créer auraient non-seulement à juger en dernier ressort toutes les contestations portées devant eux relativement aux
ouvrages exécutés, mais encore ils connaîtraient
de tous les cas de coalition; et, lorsqu'il leur
aurait été démontré que le salaire de l'ouvrier
est insuffisant pour le faire vivre, ils vérifieraient
par voie d'enquête s'il serait possible que les fabricants augmentassent le salaire sans s'exposer
à perdre par la fabrication. Si cela était, et que
les fabricants persistassent à s'y refuser, la loi sur
les coalitions leur serait appliquée.

On sent de quelle importance il serait que
l'impartialité de ces conseils fût au-dessus de tout
soupçon; car ils auraient des fonctions plutôt
conciliatrices que judiciaires, et l'efficacité de
leurs paroles dépendrait bien plus de la confiance qu'ils inspireraient que de leur autorité.
Il faut bien se convaincre que cette institution est
appelée à favoriser et spécialement à conserver la
prospérité industrielle, prospérité qui ne saurait
durer que tout autant qu'aucune des parties
n'est lésée.

Il serait donné communication aux conseils de
prud'hommes des procès-verbaux dressés par les
inspecteurs nommés en vertu de la loi sur le tra-

vail des enfants dans les manufactures. S'ils le
jugeaient convenable, ils entendraient ces inspecteurs, vérifieraient sur les lieux les faits contenus
dans leurs procès-verbaux. Le conseil adresserait
au ministère des rapports sur la situation industrielle et leurs vues sur ce qu'il y aurait à faire en
faveur de telle ou telle industrie, ainsi que sur le
genre d'assistance qu'il conviendrait de donner à
telle catégorie d'ouvriers. Ils débarrasseraient les
tribunaux de commerce d'une foule de causes
que ces tribunaux renvoient devant arbitres, et
la double juridiction pour ces causes des comités
et du conseil de prud'hommes offrirait sans doute
aux parties plus de garantie que ces arbitrages,
dont les décisions, la plupart du temps, ont été
achetées. Remarquons, d'ailleurs, que ce serait
à leurs fonctions arbitrales que les comités et les
conseils devraient la plus grande partie de l'influence qu'ils exerceraient.

Avant d'entrer dans de plus grands détails pour
la formation du tribunal des prud'hommes, nous
croyons nécessaire de parler des événements survenus en France à la classe industrielle et labo-
rieuse depuis 1789 jusqu'à présent.

Le 5 août 1789, la veille de cette nuit mémo-
rable qui devait anéantir à la fois les priviléges
de la noblesse, et les constitutions des ouvriers

M. Malouet, justement effrayé de la situation où allait se trouver la classe ouvrière, disait à l'assemblée nationale :

« C'est travailler à la constitution , c'est en assu-
» rer le succès , que de fixer un moment votre
» attention sur le nouvel ordre de choses qu'elle
» va opérer , et sur la transition subite de l'état
» ancien de la nation à un état nouveau.

» L'une des questions les plus pressantes est le
» désœuvrement instantané et la cessation des sa-
» laires d'un grand nombre d'individus domesti-
» ques, ouvriers employés de toute espèce. De là
» suit encore la diminution des aumônes pour les
» pauvres , celle de consommation pour les ri-
» ches , ce qui occasionnera aussi momentané-
» ment une réduction dans les profits des mar-
» chands et entrepreneurs.

» Or, remarquez , messieurs, que ce mal si fu-
» neste , ce désœuvrement de plusieurs salariés ,
» cette diminution de travail et de moyens de sub-
» sistance dont nous nous plaignons aujourd'hui
» va s'aggraver demain ; car si vous séparez vos
» opérations tendant au rétablissement de l'ordre,
» des mesures et des précautions de détail qu'il
» est en votre pouvoir d'employer, vous l'augmen-
» terez infailliblement.

» Je me reprocherais, messieurs, de vous avoir

» affligés par ces tristes détails, si je ne voyais la
» réparation possible et prompte. Toutes les dé-
» penses stériles épuisent les nations, comme tou-
» tes les dépenses utiles les enrichissent. Toute
» nation libre et riche peut disposer dans son pro-
» pre sein d'un crédit immense qui n'a d'autres
» limites que ses capitaux, et l'emploi bien or-
» donné d'un tel crédit allége ses charges au lieu
» de les aggraver. Toute dépense intérieure de
» l'État, qui aura pour objet de multiplier le tra-
» vail et de répartir les subsistances à tous les in-
» digens, ne sera jamais qu'une charge fictive
» pour l'Etat, car elle multipliera effectivement
» les hommes et les denrées.

» Je crois, messieurs, que dans une assemblée
» aussi éclairée, ces assertions peuvent être consi-
» dérées comme démontrées, et je viens mainte-
» nant à celles que j'ai à vous proposer, et si je
» vous indique une dépense nouvelle, comman-
» dée par la nécessité la plus irrésistible, et qui
» peut, par sa nature être prélevée sur les jouis-
» sances des riches et sur le crédit national, dont
» la régénération doit bientôt nécessairement mul-
» tiplier le numéraire fictif et effectif.

» Les marchands, fabricants, et divers entrepre-
» neurs éprouveront tout de suite une diminution
» de profit, et déjà il est nécessaire de leur pré-
» parer de nouveaux débouchés ; mais c'est la

» classe indigente et salariée, celle qui ne vit que
» de ses services et de son industrie qui mérite
» toute votre sollicitude; c'est pour elle qu'il faut
» assurer des subsistances et du travail.

» J'aurai l'honneur de vous proposer :

» 1° Qu'il soit établi par les assemblées provin-
» ciales et municipales de toutes les villes et bourgs
» du royaume, et dans chaque paroisse des gran-
» des villes, des bureaux de secours et de travail,
» correspondant à un bureau de répartition qui
» sera formé dans la capitale de chaque province.

» Les bureaux de répartition correspondront à
» un bureau général de surveillance, qui sera per-
» manent à la suite de l'assemblée nationale. Les
» fonds des bureaux de secours seront formés de
» la réunion de tous ceux qui composent les éta-
» blissements de charité autres que les hôpitaux ,
» et le supplément sera fourni sur les contribu-
» tions de la paroisse, lorsqu'elles seront rempla-
» cées par une taxe équivalente sur tous les con-
» tribuab'es, et par les moyens résultant du cré-
» dit national.

» Aussitôt que les bureaux seront institués, on
» fera appeler dans chaque paroisse tous les indi-
» vidus dépourvus de travail et de subsistance. Il
» sera dressé un rôle exact , contenant les signa—
» lement, profession et domicile de chacun ; et

» il sera assuré dans l'instant, à tous ceux qui se
» présenteront, une nourriture suffisante en ar-
» gent ou en nature, sauf à employer ceux qui se-
» ront en état de travailler dans les ateliers de la
» paroisse.

» Dans le cas où il n'y aurait point de travaux
» publics ou particuliers, propres à occuper les
» indigents dans la paroisse de leur domicile, il en
» sera dressé un état au bureau de répartition,
» contenant leurs nom, âge, qualité, profession,
» et ledit bureau les distribuera dans la province
» aux divers entrepreneurs d'arts et manufactures
» qui voudront s'en charger. On s'adressera pour
» l'excédant au bureau général de surveillance,
» dans lequel seront classés, par signalement et
» profession, tous les hommes sans emploi dans
» les provinces.

» Le bureau général sera spécialement chargé
» de prendre, dans les places et chambres de com-
» merce, toutes les informations nécessaires pour
» le meilleur emploi des hommes qui seront in-
» scrits sans salaires et sans occupation. Ceux qui,
» sans avoir de profession décidée, seraient sus-
» ceptibles de servir sur mer ou sur terre, y seront
» destinés; et les hommes que l'on ferait venir des
» provinces pour suivre leur destination, voyage-
» ront par étapes aux frais des villes par lesquelles
» ils passeront. Tous les indigents ainsi avoués

» par leurs paroisses seront traités avec les égards
» dus à des citoyens malheureux. Les secours seront
» gradués proportionnellement à l'état et pro-
» fession. Tous ceux qui n'appartiendront au rôle
» d'aucune paroisse, et seront surpris sans passe-
» port, seront arrêtés comme vagabonds, et il en
» sera formé des escouades à la disposition des
» entrepreneurs des travaux des grands chemins.

» Pour augmenter le travail et les salaires dans
» le royaume, on propose : de consulter toutes
» les chambres de commerce et villes à manufac-
» tures, pour connaître les obstacles qui s'oppo-
» sent à l'accroissement du commerce et de l'in-
» dustrie nationale, les réglements et les établisse-
» ments qui y nuisent, ceux qui y contribueraient,
» et notamment les moyens les plus propres à
» augmenter le travail et conséquemment les sa-
» laires pour l'établissement de nouveaux métiers
» et manufactures. »

Ce discours fut accueilli peu favorablement par
l'assemblée, qui se faisait illusion sur tout, et
qui trouva que ce bon M. Malouet avait trop as-
sombri le tableau qu'il venait de faire de la misère
publique.

La révolution de 1789 avait été embrassée avec
enthousiasme par les banquiers, les négociants,
les manufacturiers de toute la France ; c'était le
triomphe du tiers-état et l'abaissement de la

noblesse, dont ils étaient jaloux; c'était la suppression de tous les priviléges et de toutes les entraves qui gênaient le commerce intérieur du
royaume, et celui de l'extérieur avec les nations
étrangères, chacun crut qu'il n'y aurait plus de
bornes à ses moyens de faire valoir l'industrie
dont la nature l'avait doué. En effet, le grand
mouvement qui se manifesta dans la capitale pendant les années 1789, 90, produisit une prospérité
immense dans une certaine classe d'ouvriers; les
tailleurs, les chapeliers, les passementiers, et tout
ce qui tenait à l'armement et à l'équipement des
gardes nationales, ne pouvaient suffire aux commandes. Toutes les villes de France envoyèrent
des députations prises dans la classe aisée pour
assister à la fédération du 14 juillet; elles y firent
de grandes dépenses, mais la prospérité qui en ré-
sultait ne pouvait être universelle pour toute la
classe ouvrière de Paris; la construction des maisons, et leur réparation même, avaient été aban-
données; les maçons, plâtriers, charpentiers, ter-
rassiers, menuisiers, serruriers, n'ayant pas d'ouvrage, se livraient en grand nombre à la mendicité.
La commune de Paris, justement alarmée de
la situation déplorable de tant de malheureux,
s'adressa à l'Assemblée nationale, qui accorda
une somme de 15,000,000 pour l'établissement d'ateliers de charité dans divers quartiers

de Paris; mais les ouvriers des départements n'apprirent pas plutôt cette nouvelle, qu'ils accoururent en foule pour en prendre leur part, munis de passe-ports, conformément aux lois de cette époque. Ils ne tardèrent pas à alarmer par leur nombre, qui croissait tous les jours; les arrivants faisaient leur entrée dans Paris en chantant : *Çà ira!* tous étaient bons patriotes; sur la recommandation de leurs députés, ils furent admis dans les ateliers de charité, et y portèrent le désordre. La Fayette fut obligé de se rendre à Montmartre pour y apaiser par sa présence une sédition qui s'était manifestée dans un atelier de charité où se trouvaient réunis 17,000 ouvriers.

La vente des biens nationaux, les assignats vinrent redonner la vie aux constructions de toute nature; il se forma de grandes compagnies pour l'acquisition des couvents qui encombraient les plus beaux quartiers; les cours, les jardins, les vieux édifices furent bientôt transformés en habitations. Jamais il ne fut fait plus de projets pour la commodité et l'embellissement d'une grande ville; mais les ouvriers étaient payés en assignats, dont l'émission seule avait fait subir une augmentation aux prix des denrées de première nécessité; ils se coalisent, ils prennent des arrêtés qui décident

qu'ils suspendront leurs travaux jusqu'à ce qu'on
ait augmenté leurs salaires. Ils s'attroupent par milliers sur les places publiques, se rendent dans
les ateliers pour communiquer leurs résolutions
à leurs camarades, et menacent ceux qui résis-
tent. Ils emploient même la violence pour les
arracher de leurs ateliers ; alors s'éleva un cri
général contre eux : la commune fut obligée d'intervenir pour restreindre cette dangereuse liberté.
Un arrêté, signé Bailly, maire de Paris, du 29
avril 1791, invitait tous les ouvriers à ne point
démentir les preuves qu'ils avaient données jusqu'à présent de leur patriotisme ; mais ils sa-
vaient qu'ils seraient soutenus par les chefs révolutionnaires, qui avaient besoin de leurs secours pour renverser ce qui restait de l'ancien
régime, et soutenir la lutte violente dans laquelle
on était engagé. Il fallait organiser une force
matérielle qui pût se mesurer avec l'armée, qui
était bien recrutée dans le peuple, mais commandée
par la noblesse, restée fidèle au roi. On comprend
que l'habitude de la subordination, l'attachement
au drapeau, au régiment, surtout les changements qui s'étaient opérés dans les procédés des
officiers envers leurs subordonnés, étaient de
grands obstacles au projet des novateurs. Cette
jeune noblesse était instruite, brave, polie. Le
caractère guerrier des soldats français les portait

à honorer dans la jeunce noblesse les noms de
ses aïeux, qui s'étaient illustrés dans les guerres de
la France.

Un grand nombre d'officiers et de chefs de
corps qui ne pouvaient se plier à ces innovations
émigrèrent, les autres se soumirent, et prêtèrent
serment à l'absurde constitution de 1791, qui ne
pouvait avoir aucune durée, de l'aveu même de
ceux qui venaient de la faire.

En effet, quel degré de consistance présentait
une constitution monarchique où le monarque
n'avait pas le droit de faire grâce, ni celui de faire
la paix et la guerre ; où il n'était appelé que le
premier des fonctionnaires d'un peuple déclaré
seul législateur et souverain ? quelle monarchie
pourrait exister avec une autorité législative permanente, indépendante du monarque, dans laquelle le roi n'aurait même pas l'initiative des
lois et ne pourrait y opposer qu'un veto sus-
pensif, légalement annulé au bout de deux ans ?
quelle pouvait être cette monarchie, où toutes les
autorités constituées étaient à la nomination du
peuple, où le roi, quoique déclaré chef suprême
des armées de terre et de mer, ne pouvait jamais
se mettre à la tête des armées, ni les commander,
et n'en avait même pas toutes les places à sa disposition? Cette constitution de 1791 ne fut donc
qu'une réunion informe de tous les éléments de

la démocratie avec lesquels on voulait fabriquer
un simulacre de monarchie, pour en faire le jouet
des jacobins qui ne voulaient ni autel, ni trône,
ni Dieu, ni roi, fût-il même constitutionnel. Tel
a été dès l'origine leur plan et tel ils l'ont successivement développé.

Les jacobins n'avaient encore fait que l'essai de
leurs forces, ils avaient renversé la noblesse et le
clergé, c'est à présent contre le tiers-état qu'ils vont
diriger leurs coups : les grands propriétaires, les
riches, les spéculateurs tous sont compris par
eux sous les dénominations d'agioteurs et de mo-
nopoleurs; c'est maintenant sur eux qu'ils appel-
lent la haine du peuple. Cette classe s'était franchement réunie à la constitution, un grand nombre
avait donné des gages à la révolution, en achetant
des biens naitonaux. Plusieurs d'entre eux, et les
plus braves, faisaient partie de ces bataillons
déterminés à défendre le roi et sa famille jusqu'à
la mort; mais telle fut l'audace des anarchistes,
qu'ils parvinrent par leurs déclamations à rendre
suspect à la multitude ce tiers-état qui avait fait la révolution. On l'accusait de n'avoir renversé la noblesse que pour la remplacer et jouir de ses dépouilles; on disait que cette nouvelle aristocratie de
l'argent était plus odieuse que l'autre, puisqu'elle
était composée d'hommes mal élevés, durs envers
les pauvres injustes envers les travailleurs qu'ils

employaient comme des esclaves et auxquels ils
ne donnaient qu'un modique salaire.

Les conservateurs crurent se sauver en se
réunissant au parti de la Gironde, qui leur
leur offrait plus de garanties que les jacobins,
mais ils furent entraînés dans la catastrophe de
cette fraction de l'assemblée; dès ce moment
tous les grands travaux de Paris furent abandonnés.
Les plus prudents du parti vaincu gagnèrent, non
pas Coblentz où ils eussent été mal accueillis, mais
l'Angleterre, la Hollande ou les États-Unis; les autres restèrent à Paris, et furent victimes de leur trop
de confiance; des banquiers, des fermiers généraux, des gens d'affaires, des riches propriétaires,
un grand nombre de savants qui avaient aimé la
révolution et avaient contribué à son triomphe
tombèrent victimes de la faction qui gouvernait
la France avec tant de férocité.

Depuis quelque temps les ouvriers de Paris se
réunissaient dans leurs quartiers respectifs, avec
leur femmes et leurs enfants, pour entendre des
orateurs populaires délégués par la société des jacobins; on appelait cela faire l'éducation du peuple, et ces gens bornés ajoutaient foi à ce qu'on leur
disait et avaient plus de confiance en la parole de
ces furibonds que dans les beaux discours de M. Malouet et de M. de Larofoucault-Liancourt. Là se faisaient les propositions les plus dangereuses contre

5

les nobles, les riches, contre les entrepreneurs
de bâtiment, les chefs d'ateliers, les directeurs des
établissements publics qu'on dénonçait à la commune, aux jacobins et même à l'Assemblée nationale comme des voleurs, s'engraissant du travail, des sueurs et des larmes du pauvre peuple,
accaparant les denrées pour qu'elles fussent hors
de prix, et que le peuple en fût privé. Le 25 février 1792, les femmes se rassemblent tumul-
tueusement à la porte des épiciers, dans les rues
de la Vieille-Monnaie, des Cinq-Diamants, des
Lombards; elles se plaignent des prix exessifs; elles exigent que ces prix soient réduits à 10 sous
pour le savon, à 25 pour le sucre, à 15 pour la
cassonade, à 13 pour la chandelle; et elles forcent
les marchands à leur en délivrer une grande
quantité, qu'elle paient d'après ces taxes arbitraires; mais on finit par prendre sans payer, c'est-à-
dire voler et piller.

Le 4 décembre 1793, eut lieu l'organisation du gouvernement révolutionnaire décrété
par la Convention le 10 octobre précédent.
Les dispositions de ce décret concentrèrent tous
les pouvoirs dans le comité de salut public et de
sûreté général. Tout individu était obligé de dé-
clarer l'état de ses revenus au comité de surveillance, il était fait une enquête, et si la déclaration
était reconnue fausse, le comité avait le droit de la

porter au double. Celui qui avait 12,000 livres de rente en donnait 6,000, celui qui avait 15,000 en donnait 9,000, celui qui avait 25,000 en donnait 15,000 et enfin celui qui avait 50,000 livres en donnait 36,000.

Décret du 17 septembre portant que les comités de surveillance dè chaque section peuvent et doivent même mettre en arrestation ceux qui leur paraissent suspects, et que des visites domiciliaires pourront avoir lieu la nuit contrairement à la constitution qui rendait pendant ce temps l'asile d'un citoyen inviolable; dès cet instant chaque citoyen poursuivi est menacé à toute heure, et n'a plus aucun moment de repos.

Le 29 septembre la Convention fixe un maximum pour le prix des denrées de première nécessité, savoir: le blé, la viande, le pain, le vin, l'huile, le savon, la chandelle, le sucre, le café, le bois, le charbon, le suif, etc., et condamne les accapareurs à la peine de mort. Des commissaires se rendaient chez les marchands, se faisaient représenter les factures et fixaient arbitrairement le prix des denrées; les communes mourant de faim pillaient les troupeaux qui passaient sur leur territoire, en offrant toujours le paiement au maximum et c'était un danger de plus pour les marchands de Paris pour le compte desquels venaient ces troupeaux. On imagina, pour as-

surer l'·s approvisionnements de Paris , de
créer une armée dite révolutionnaire ; le 5 septembre, la Convention décréta la formation de
cette terrible armée qui devait être composée
de six mille hommes et de douze cent canon-
niers ; on en formait des colonnes mobiles qui
étaient dirigées pour protéger l'arrivée des subsistances sur toutes les routes, villes et villages qui
entourent Paris. On leur recommandait particulièrement de contraindre , par les fixations les
plus odieuses , de forcer les personnes qui habi-
taient les campagnes à rentrer en ville, où il était
plus facile de les surveiller. Comme cette armée
avait été recrutée dans tout ce que Paris renfermait
de gens sans aveu , et du rebut de la popuation ,
il n'est sorte d'attentats dont ils ne se rendirent
coupables. Logés à discrétion chez les riches et les
aristocrates , ils les mettaient à contribution ;
on devait s'estimer bien heureux d'en être quitte
pour le vin de la cave, les approvisionnements
de bouche et ceux de la basse-cour, pour lesquels
ils avaient une grande prédilection. Des commissaires de la commune étaient à la tête de ces glorieuses expéditions , qui n'eurent d'autre résultat que de jeter dans le désespoir des familles honnêtes qui avaient fui Paris ; les fermiers de quinze
à vingt lieues des environs, qui étaient cependant
des patriotes d'autant plus prononcés que le plus

grand nombre avait acquis, à bien bon marché, les
bien dont ils n'étaient autrefois que les fermiers ,
n'étaient pas mieux traités que les autres.

Ce qui existait de marchandises n'offrit qu'une
ressource de quelques jours ; les magasins des spéculateurs, qui avaient cru placer solidement leurs
assignats de cette manière, les boutiques des marchand furent bientôt vidées ; les arrivages cessèrent,
le sucre, le café, le thé, le savon, les médicaments,
l'huile , le fruit sec et toutes les marchandises qui
viennent du midi de la France ou des colonies, ne
furent plus à la portée de tout le monde; il fallait
aller solliciter du comité de la section, une carte pro-
portionnée au nombre d'individus dont se composait la famille ; il fallait ensuite attendre son tour, à
la porte des boulangers pour recevoir un pain mauvais, insuffisant ; la viande était rare, on n'en distri-
buait qu'une demi livre tous les quatre jours à chaque individu. Les chefs suprêmes du gouvernement
et leurs subalternes intimes ne manquaient de rien ;
par une convention tacite, et sous prétexte d'engager les cultivateurs à porter leurs denrées pour le
service des hôpitaux, il leur était permis d'introduire
de la volaille , du gibier, des œufs, des herbages ,
tandis que les caves des aristocrates leur fournissaient abondamment les vins les plus exquis.

Les honnêtes gens furent proscrits des fonctions.

publiques, quelques bons citoyens avaient encore le courage de se rendre dans leurs sections pour faire preuve de patriotisme, c'était en général des patriotes qui avaient embrassé sincèrement les principes de la révolution; sur la dénoncia- tion d'un ennemi, ils étaient arrêtés dans la section même et conduits à la prison et de là à l'échafaud.

Tous les hommes en état de porter les armes avaient été mis en réquisition, ceux qui occu- paient un emploi public ou particulier devaient être remplacés par des pères de famille; mais cette rigueur ne s'étendait pas sur les patriotes vigoureux, capables de soutenir et de faire exé- cuter les décrets de la Convention, ceux-là avaient été retenus à Paris, où l'on ne tarda pas de faire rentrer les frères et amis qui étaient partis par entraînement pour les frontières ou la Vendée.

Jamais despote d'Asie n'a été mieux obéi que le comité de salut public ne l'était par les satel- lites qui l'entouraient; ils composaient la com- mune, les comités révolutionnaires, le jury et tous les affidés du jury; ceux-ci nommaient les gardiens des scéllés, qui venaient souvent s'établir, en at- tendant le jour de la vente, avec leurs femmes et leurs enfants, dans les magnifiques hôtels des grands seigneurs, des fermiers généraux, des émigrés, meublés avec tant de recherche et de dépense. Les officiers de l'armée révolutionnaire, aux cheveux gras, aux grandes moustaches, aux sabres traînants se pavanaient à l'Opéra et aux autres spectacles de Paris. On voyait les sans-culotes petits-maîtres venir tous les jours avec leur famille au pied de l'échafaud compter les victimes, applaudir à leur supplice, admirer l'adresse des exécuteurs ; c'est là que l'on voyait des hommes occupés à recueillir, avec des sceaux, le sang humain, qu'ils jetaient dans les fossés des Tuileries.

Saint-Just avait fait adopter, le 3 mai 1794, à l'unanimité le décret suivant :

« Les propriétés des patriotes sont inviolables
» et sacrées; les biens des personnes ennemies de
» la révolution seront séquestrés au profit de la
» république. » Quelques jours après, Saint-Just fait un nouveau rapport sur le mode d'exécution, et dit : « Toutes les communes de la république
» dresseront un état des patriotes indigents; lors-
» que le comité de salut public l'aura reçu, il
» proposera des moyens d'indemniser tous les
» malheureux avec les biens de la république,
» montrez-vous révolutionnaires, montrez-vous
» peuple ajouta-t-il et la république n'est plus en
» péril. »

Le 12 mai, Barrère vint sérieusement, au nom du comité de salut public, faire rendre un décret qui abolissait la misère en France, en proposant de

commencer par la vente de tous les hôpitaux, de leurs
biens et de leurs établissements, qui n'étaient que
de fastueuses constructions du despotisme, déguî-
sées en charité publique ; ce sera ensuite à la république qu'appartiendra le droit d'exercer la grande
loi de la bienfaisance publique en donnant à tout
citoyen quelque propriété, du travail s'il est valide,
l'éducation s'il est enfant, et par des secours à domicile s'il est malade, infirme ou dans l'indigence.

Il est inutile de dire que les patriotes indigents
n'ont vu se réaliser aucune de ces belles promesses, pas plus que les défenseurs de la patrie
n'ont eu leur part du milliard qui leur avait été
promis si solennellement quand la paix générale
serait faite.

La dépense qui se faisait à cette époque est au-
dessus de tout ce qu'on peut imaginer. Les ateliers
de charité, où l'on ne refusait personne, pas même
les invalides ; les sectionnaires qui recevaient un
salaire de 2 fr. par jour ; la solde de l'armée révolutionnaire, des gens-d'armes qui ne finissaient
pas, les distributions gratuites en argent, vêtements et subsistances aux femmes, aux vieux parents, aux enfants des défenseurs de la patrie. Eh
bien, on parait à tout par la vente des biens du
clergé et des émigrés, par les contributions arbitraires sur les riches, et en dernière ressource par
la planche aux assignats, qui ne restait jamais

oisive. A côté de cette population active, ivre de sang et de débauche de corps et d'esprit, se trouvait une autre population d'honnêtes ouvriers qui ne gagnaient qu'un modique salaire, insuffisant pour nourrir leur famille, et qui voyaient avec horreur les exécutions de tous les jours, et le disaient hautement. La mort fut la punition de leur imprudence, mais ces assassinats juridiques firent une grande impression sur le peuple ; les fatales charrettes qui parcouraient Paris pour arriver à la place de la Révolution contenaient autant d'hommes en habit de travail, que d'autres pris dans les classes supérieures. Du 6 juillet au 26 juillet, ou 9 thermidor, c'est-à-dire en vingt jours, le tribunal révolutionnaire prononça 1,425 condamnations. Ces supplices s'exécutaient en plein jour, au milieu d'une population de 700,000 âmes qui était glacée d'effroi. La pitié, étouffée par la terreur, n'osait se montrer; en voyant tomber autour de soi ses parents, ses amis, on tremblait dans l'attente d'un pareil sort. Le passé, le présent et l'avenir ne présentaient que des idées effrayantes. Telle fut la situation déplorable, pendant quinze mois, d'une ville autrefois si florissante, si fière de ses lumières et de sa civilisation; telle fut la conduite d'un peuple dont le caractère de bonhomie était devenu proverbial, qui aimait son roi par habitule, et que remplis-

sait de reconnaissance le plus petit bienfait; ana-
thème éternel sur les misérables qui étaient
parvenus à rendre féroces des hommes si doux, si
débonnaires!

Journée du 9 thermidor. — Robespierre ne pouvant parvenir à la dictature, à laquelle il aspirait,
qu'en se débarassant d'une partie de la Convention qui ne l'aurait jamais souffert, dressa une
liste de proscription ; les victimes qu'il avait dé-
signées, particulièrement le comité de salut public en furent informées, et résolurent de le prévenir. Tallien monte à la tribune et le dénonce ; Robespierre est décrété d'accusation par ces mêmes
hommes qui furent ses complices ; il est arrêté, mais
ses partisans le délivrent et il se réfugie dans le sein
de la commune de Paris, qu'il met en insurrection,
sans cependant oser la faire marcher, avec la force
armée, contre la Convention. Arrêté le même jour à
l'Hôtel-de-Ville, avec Couthon, Saint-Just, Lebas,
Henriot, Robespierre jeune, et tous les membres
de la commune, il essaie de se brûler la cervelle
et ne fait que se défigurer. Robespierre et ses partisans, au nombre de soixante, sont guillotinés. —
Fin du régime de la terreur, le sang cesse de ruis-
seler sur les places publiques.

On a fait pour Robespierre l'épitaphe suivante :

« Passant, ne pleure point son sort ;
» Car s'il vivait, tu serais mort. »

Le comité de salut public fut renversé.

On réorganisa les comités de salut public et de sûreté générale, mais en restreignant leur autorité ; on rendit la liberté aux personnes qui avaient été arrêtées comme suspectes ; la Convention s'attribua les fonctions de la commune de Paris dont les pouvoirs avaient été souvent supérieurs à ceux des comités de la convention ; le club des jacobins fut momentanément fermé ; enfin on abolit la loi du maximum, mais les conséquences que celtte funeste mesure avait produites se firent sentir longtemps encore après son abolition. Le commerce, particulièrement celui de la banque de Paris, était désorganisé ; les banquiers et négociants riches étaient morts ou dispersés ; les boutiquiers craignaient de nouveaux pillages et n'osaient pas étaler leur marchandise, de sorte que tout le monde à cette époque s'était fait colporteur.

Dans les sociétés qui commençaient à se réunir, on faisait circuler de main en main des échantillons de sucre, de café, d'huile, de marchandises de toute espèce qui étaient transportées le lendemain chez l'acquéreur. Ces ventes se faisaient au comptant. Les spéculateurs envoyaient des commis de confiance dans les ports du Havre, de Nantes, de La Rochelle, de Bordeaux, de Mar-

seille, de Cette, pour y acheter des denrées précieuses qu'y apportaient des bâtiments neutres,
et qu'on dirigeait sur Paris sans quitter un moment la marchandise, comme on le pratique dans
les pays les plus barbares. La consommation faite
pendant les deux années désastreuses qui venaient
de s'écouler avait tout épuisé ; les pharmacies particulières et celles des hôpitaux, les entrepôts où
viennent se pourvoir les départements qui entourent Paris, tout était vide et à rétablir. Il se fit de
grands bénéfices dans ce trafic, et c'est de cette
époque que datent cette multitude de petites fortunes qui ont répandu tant d'aisance dans la
bourgeoisie. Les fermiers des environs de Paris
qui avaient évité les réquisitions, ou qui avaient
été moins tourmentés à cause de leur civisme
éprouvé, réalisèrent également de grands bénéfices.

La garde nationale fut réorganisée ; mais l'on
fit la grande faute de se montrer difficile pour
l'admission des ouvriers, même patentés ; on exigeait pour ceux-ci la preuve qu'ils n'avaient pris
aucune part aux excès qui venaient d'avoir lieu ;
et quant aux simples ouvriers journaliers, ils en
furent totalement exclus. Les anciens bataillons
d'élite se reformèrent avec autant de promptitude
que nous l'avons vu en 1830.

Ce qui produisit le plus d'effet sur la bourgeoisie et l'entraîna dans le parti de la réaction,

fut les détails que donnaient les journaux sur les
procès de Fouquier-Thinville, Barrère, Collot,
Vadier, Maignet, Joseph Lebon, et sur un grand
nombre d'assassinats juridiques commis par les
tribunaux révolutionnaires et les commissions
militaires, avec des circonstances plus ou moins
épouvantables; enfin le procès de Carrier, et du
comité révolutionnaire de Nantes. Ces monstres
avaient surpassé en cruauté les tyrans qui ont mis
leur plus grand bonheur à détruire l'espèce humaine. Des enfants en bas âge, des femmes en-
ceintes, des vieillards infirmes massacrés ou noyés
avaient été leurs moindres crimes. On poursui-
vait par représailles les terroristes à Lyon, à
Marseille, à Bordeaux, et dans toutes les villes de
France; on les arrêtait et les mêmes prisons qu'ils
avaient établies servaient à les renfermer. Plusieurs d'entre eux montèrent sur l'échafaud;
mais les vengeances particulières furent souvent
injustes et tombèrent sur des hommes qui s'étaient
faits, par peur, les satellites de la tyrannie. Les
Parisiens mettaient alors un grand amour-propre
à prouver par la contexture même de leurs noms,
qu'ils n'étaient pas enfants de Paris; ces hommes
qui, sous le nom générique de Marseillais, n'é-
taient que le rebut des populations du Midi, et que
l'on a toujours retrouvés dans les époques san-
glantes de la révolution.

Toutes les villes de France firent des adresses
à la Convention, pour la féliciter de son énergie
et l'engager à poursuivre les complices de Robespierre ; la Convention décréta que tous ceux qui,
avant le 9 thermidor, avaient exercé des fonctions quelconques, rendraient compte de leur
gestion. Les chefs prévoyant bien qu'on en voulait
à leurs personnes, quittèrent Paris pour aller
aux armées reprendre leur épée qui devait servir
à un plus noble usage ; les lettrés qui n'étaient
point militaires, entrèrent dans les administrations ; les subalternes se firent soldats ; ceux qui
avaient quelque intelligence se placèrent en qualité de boulangers, charretiers, bouchers, infir-
miers, à la suite des armées ; ceux qui n'avaient
pas eu la possibilité de s'éloigner de Paris, privés
de leurs chefs, s'engagèrent dans des entreprises
téméraires qui les perdirent ; les plus funestes
furent celles du 12 germinal (1er avril) et du
1er prairial (20 mai). Le 12 germinal des agita-
teurs du faubourg Saint-Marceau et du faubourg
Saint-Antoine se portent sur le corps-législatif,
pénètrent dans le lieu des séances, prennent
place parmi les députés, et demandent impérieu-
sement du pain, la mise en activité de la constitution de 1793, avec l'élargissement des patriotes
qui ont été incarcérés par suite du 9 thermidor.
Cette insurrection fut facilement comprimée par la

fermeté de la Convention et des bataillons les plus rapprochés des Tuileries; mais celle du 1er prairial eut plus de gravité. On avait voulu désarmer, par un décret du 12 avril, les sectionnaires connus sous le nom de terroristes. Les formes qu'on avait employées pour cette opération furent oppressives. On accusait ceux qui ne remettaient pas d'armes, de les cacher pour s'en servir dans l'occasion ; les ouvriers qui se présentaient dans les ateliers étaient repoussés par leurs camarades qui leur donnaient le nom de jacobins, de buveurs de sang. Une troupe d'artisans bien armée et en bon ordre, suivie d'une foule de femmes, la lie de leur sexe, se porte sur la Convention, fait les mêmes demandes que le 12 germinal. Boissy-d'Anglas, qui occupait le fauteuil du président, contient ces furieux par sa fermeté. Le conventionnel Ferraud veut sortir de la salle pour parler au peuple, il est assassiné à la porte de l'assemblée; sa tête mise au bout d'une pique, est présentée au président qui frémit d'horreur, mais reste inébranlable, et rassemblant toutes ses forces, salue cette tête sanglante avec respect ; les factieux croient triompher ; soutenus par quelques membres de la Convention qui siégeaient à l'extrême gauche, ils délibèrent et arrachent par violence les décrets qu'ils osent dicter.

L'attroupement fut dissipé par les sections de la garde nationale accourue au secours de la Convention. Ce qui avait été décrété fut annulé, et les députés fauteurs de l'insurrection, mis en arrestation. Le 21, 22 et 23, le tumulte continue; les factieux ont du canon, cependant poursuivis et cernés dans le faubourg Saint-Antoine, ils sont contraints de remettre toutes leurs armes et leurs canons, et de livrer les assassins du représentant Ferraud. Les députés qui avaient pris part au mouvement populaire, furent condamnés et exécutés. La société des jacobins fut fermée, le comité révolutionnaire supprimé, les montagnards dispersés et vaincus.

Ce fut à cette époque que les armées de la république répondirent glorieusement à cette affreuse calomnie que répandaient, dans toute l'Europe, les ennemis de la France, que ce n'était qu'à l'activité de la guillotine que nous devions nos triomphes.

La Belgique était déjà conquise ainsi que la Savoie; toutes les villes de la rive gauche du Rhin avaient été successivement prises par l'armée française. La Hollande fut envahie avec des circonstances si mémorables, si singulières, que cette conquête fit une grande impression sur tous les esprits en Europe et dans le monde. Les armées des Pyrénées orientales et occidentales,

eurent des succès inouïs. Enfin les Vendéens dé
couragés par le mauvais succès de l'entreprise
tentée à Quiberon par l'Angleterre et les émigrés,
demandèrent à traiter avec la république.

La Convention, malgré les victoires de nos
armées, ne négligeait aucun des moyens qui se
présentaient pour détacher successivement quelques puissances de la coalition. Les premières
tentatives du comité de salut public se dirigèrent sur la Prusse, dont la défection devait assurer
le triomphe des Français en Allemagne ; les petits
princes du midi de l'Allemagne, parlèrent aussi
de paix.

La paix avec l'Espagne et le souverain de Florence, suivit de près celle avec la Prusse, ce qui
permit à la France de disposer de ses armées des
Pyrénées et de plusieurs millions de piastres, et
lui valut la concession de la propriété illusoire
de la partie espagnole de Saint-Domingue.

Une nouvelle constitution venait d'être adoptée,
dès-lors le règne de la Convention devait
bientôt finir. A la Convention dissoute, devait
succéder un corps-législatif de sept cent cinquante députés divisés en deux conseils ; l'un de
cinq cents et l'autre de deux cent cinquante
membres, librement élus par les assemblées primaires : c'était faire un premier pas vers le
retour à l'ordre ; la division du corps-législatif

6

en deux sections, mettait des entraves salutaires
et apportait une sage lenteur à la discussion des
lois décrétées souvent dans l'enthousiasme du
moment. Le pouvoir exécutif devait être exercé
par un directoire composé de cinq membres,
pris parmi les citoyens actifs indistinctement, et
élus par le conseil des cinq cents, et par celui
des deux cent cinquante, nommé le conseil des
anciens.

Il fut décrété que la constitution nouvelle serait soumise à l'approbation de la nation réunie
en assemblées primaires; mais il s'éleva une
grande question; les députés appelés à être remplacés à la Convention devaient-ils être nommés en
masse, ou les élections devaient-elles être fraction-
nées par tiers? C'était une question de vie ou de
mort pour les deux partis, ainsi que les nouveaux
choix faits par les sections dans toute la France
l'ont démontré. Le 5 fructidor, la Convention dé-
cide que les deux tiers de ses membres seront con-
tinués en fonctions pendant un et deux ans, et
que l'autre tiers seulement sera remplacé. Après
que les votes de toute la France, qui adoptait la
constitution nouvelle, eurent été solennellement
proclamés, et que la Convention eût publié ses
décrets, quelques sections organisèrent contre
elle l'insurrection.

La Convention savait très-bien qu'il se prépa-

rait contre elle une vive résistance ; elle n'en re-
doutait pas les conséquences, forte de l'assentiment de la France et du dévouement de l'armée
quelle avait eu le bon esprit de gagner en soumet-
tant la constitution à l'approbation des troupes.
Elle réunit, à tout événement, quatre à cinq mille
hommes dans le camp des Sablons.

Dès que cette nouvelle fut connue dans Paris, les jeunes gens commencent par courir le
rues en criant : A bas les deux tiers ! La Convention, disent-ils hautement, vient d'armer
les terroristes qu'elle va lancer sur les honnêtes gens ; la terreur et le pillage vont revenir.
Il faut prendre les armes pour se défendre.

En effet, la Convention avait accepté les services d'une foule d'officiers réformés pour cause
d'opinion ; les jacobins détenus à la suite du 9
thermidor par ordre de la Convention, avaient
été mis en liberté, et beaucoup de ces patriotes
renforcés qui avaient été dans les sections repoussés de l'urne électorale, vinrent offrir leurs
services ; mais chose bien remarquable, on ne
parvint pas à réunir plus de quinze cents hommes pour la formation d'un bataillon d'élite, qui
prit le nom de patriotes de 89, tant était changé
l'esprit du peuple qui avait déjà joui de quelques mois de tranquillité, et repris ses travaux
habituels.

La bourgeoisie ne savait guère ni pourquoi, ni comment elle allait combattre, elle s'armait contre la terreur. Barras fut nommé par la Convention général de l'armée de l'intérieur; sur sa demande, on lui donna pour adjoint le général de brigade Bonaparte; les généraux Brune, Cartaux, Berruyer, les chefs d'escadron Murat, Bessières, commandaient sous ses ordres.

La Convention pouvait disposer d'environ huit mille hommes, savoir: cinq mille soldats du camp des Sablons, les quinze cents patriotes, et les gendarmes des tribunaux, les invalides, faisaient le reste.

Sur quarante mille bourgeois qui composaient la garde nationale réorganisée, vingt-cinq à trente mille sont prêts au combat, commandés par des généraux et un grand nombre de jeunes gens revenus des armées, et qui avaient vu le feu.

Après avoir employé la journée du 12 en pourparlers inutiles, les sectionnaires s'avancèrent le 13 vendémiaire à quatre heures et demie, par la rue Saint-Honoré et les quais, en colonnes serrées et profondes; le canon y fit d'abord de larges trouées, les colonnes rompues se reformèrent et revinrent à l'attaque; rompues une seconde fois par la mitraille, elle se dispersèrent et ne reparurent plus. A six heures, la bataille était gagnée par la Convention. Quelques coups de

canon à poudre, renvoyèrent définitivement chez
eux les sectionnaires qui erraient encore en armes
dans tout Paris.

La Convention usa d'une grande modération
après son triomphe; elle se servit de son moyen
de rigueur ordinaire, l'exécution sévère de la loi
de la réquisition; elle eut recours aussi à l'application des lois sur les émigrés, afin de débarrasser la
capitale des jeunes gens et des personnes dangereuses par leurs opinions royalistes. Le jeune
Lafond fut seul condamné à mort et il aurait
pu l'éviter s'il avait voulu dire, devant ses juges,
qu'il n'était pas émigré. Paris reprit sa tranquillité ordinaire; avant de se séparer, la Convention décréta l'établissement de l'institut, des
écoles primaires, des écoles centrales et des écoles
spéciales; l'abolition, à la paix, de la peine de
mort, et une amnistie générale pour les auteurs
de délits purement révolutionnaires, les émigrés
exceptés.

La Convention termina ses séances le 26 novembre 1795, à deux heures après midi, après
avoir siégé trois ans, un mois et quatre jours.

Le mouvement commercial de Paris prit alors
un caractère fébrile. Chacun s'agitait pour réaliser
en marchandises des assignats qui n'avaient plus
de valeur, depuis qu'ils reposaient sur des biens

d'émigrés dont on rencontrait tous les jours les propriétaires dans les rues de Paris. Le tableau légal de la dépréciation du papier-monnaie, et la loi irréfléchie du 15 avril, qui déclara le numéraire, or ou argent, marchandise, et autorisa l'ouverture des lieux connus sous le nom de *bourses de commerce*, assurèrent l'impunité des agioteurs. Ils marchèrent dès-lors le front levé; on brocantait au perron du Palais-Royal, aux spectacles, dans les sociétés, en dînant chez les restaurateurs, en se promenant au bois de Boulogne.

Les succès inouïs de Bonaparte en Italie vinrent encore apporter de nouvelles richesses à Paris, où tout était à reconstruire. Les bibliothèques des particuliers avaient été dispersées; les imprimeurs, les libraires se mirent à publier de nouvelles éditions de nos auteurs et des livres anciens, grecs et latins; ces éditions eurent un grand succès. L'argenterie avait été fondue; les nouveaux riches, les bourgeois, et ceux qui, dans un accès d'enthousiasme, en avaient fait le sacrifice sur l'autel de la patrie, en firent fabriquer dans toutes les parties de la France. On introduisit un nouveau luxe dans les ameublements; la forme antique prévalut, et vous étiez fortement appréhendé de jacobinisme et accusé d'avoir le goût du bien d'autrui, lorsque vos ap-

partements étaient meublés comme au temps de
Louis XV ou de Louis XVI; il aurait fallu alors,
pour être bien pur, représenter le reçu du tapissier ou du marchand de meubles de 1740 ou
de 1780. On fit donc des meubles de nouveau
goût, dont la fabrication occupa les tapissiers,
les ébénistes, les doreurs, les marchands de
bronze, etc. Les maçons, tailleurs de pierre,
charpentiers et tous les ouvriers en bâtiments
prirent leur part de cette prospérité. Les hôtels
et les maisons de Paris, dont les propriétaires
s'étaient éloignés pendant la terreur, avaient été
occupés par des gens qui ne veillaient guère à
leur conservation; les maisons d'émigrés, les
châteaux de l'ancienne liste civile, devenus biens
nationaux, tombaient en délabrement. Ils étaient
entièrement vides : les tableaux, les meubles, les
livres, les bronzes, les glaces, etc., avaient été
vendus aux enchères, à vil prix, et revendus ensuite, après avoir passé par deux ou trois mains,
aux Anglais et à quelques seigneurs russes. Cette
opération, que l'on qualifiera du nom qui lui
convient, a rapporté beaucoup d'argent à ceux
qui avaient le courage de s'en mêler.

Les assignats tombèrent de leur propre poids;
pour leur conserver encore quelque valeur, le
gouvernement les transforma en mandats territo-
riaux, qui, après être devenus la proie de l'agio-

tage et le prix de quelques domaines nationaux,
disparurent au bout de quelques mois, pour faire
place au numéraire. Les premières pièces d'or et
d'argent sortirent des ateliers de la Monnaie :
c'était le produit des dons patriotiques, de l'argenterie des églises, tant de la France que de la
Belgique et des pays conquis par les armées
françaises sur le Rhin.

On recrépit le palais du Luxembourg; tous les ori-
peaux qui avaient échappé au pillage et à la dévas-
tation du Garde-Meuble de la couronne furent ras-
semblés pour embellir l'habitation du directoire;
on ménagea pour chaque directeur et sa famille un
logement particulier. Chacun s'empressait de reprendre les manières de l'ancien régime afin de
faire honneur à ce pouvoir suprême qu'on voulait distinguer de ceux qui l'avaient précédé. On
accueillait, on cherchait à imiter toutes les personnes qui avaient de belles manières; mais comme
les habitudes s'étaient perdues, et qu'un grand
nombre de ces professeurs du genre ne les avaient
jamais possédées, toutes ces courbettes, ces poli-
tesses, ces allures aristocratiques n'étaient qu'une
parodie de l'OEil-de-Bœuf de Versailles. Les généraux, les banquiers, les fournisseurs, les étrangers qui appartenaient aux diverses ambassades
ne manquaient pas un jour de réception. On ad-

mettait aussi les femmes d'émigrés restées à Paris pour y solliciter la radiation de leurs maris ou parents de la liste fatale de l'émigration ; pour certaines autres femmes de qualité c'était devenu un genre d'industrie. Le peuple vit avec orgueil les monuments des arts enlevés à la Belgique aux principautés du Rhin et à l'Italie venir parer notre Muséum. Les fêtes que l'on fit à cette occasion, il faut en convenir, avaient un air de grandeur remarquable.

La bourgeoisie s'empressa aussi de se réunir dans les salons du directoire ; elle était bien reçue, mais nous étions en république, et les noms de citoyen et de citoyenne se confondaient mal avec ceux de ducs espagnols, de barons allemands et de marquis d'Italie. La classe intermédiaire, positive par ses habitudes, reconnut de bonne heure qu'il n'y avait que l'unité permanente, inviolable, héréditaire dans le pouvoir exécutif qui pût offrir la durée qui assure seule le bonheur des empires ; que dire d'un pouvoir qui ne trouva d'autre moyen pour gouverner que de déporter à la Guyane deux de ses collègues et les membres des assemblées nationales qui n'approuvaient pas son plan de gouvernement ? Quand on voit Carnot, qui avait rendu tant de services à la France, et Barthélemy, qui avait signé les traités de paix et fait reconnaître la république par une moitié de l'Europe, portés sur une liste de proscription, on est bien dégoûté des gouvernements populaires ; la liberté de la presse était entière, d'après la constitution ; mais, sans autre forme de procès, on envoyait à Sinnamari tous les écrivains d'une opinion contraire qui s'avisaient de faire de l'opposition.

Je n'ai parlé politique que lorsqu'elle s'est trouvée liée à l'histoire de la classe ouvrière ; depuis cette époque, cette partie de la population n'a pas eu à souffrir des grandes vicissitudes dont nous avons parlé. Elle a toujours eu de l'occupation. En temps de guerre, c'était l'habillement, l'équipement, le fourniment, une partie de l'armement, la chaussure, l'harnachement des chevaux et le charronnage du train d'artillerie ; les ateliers de Paris étaient organisés de manière à habiller, dans le plus grand complet, trois mille hommes par jour ; en temps de paix avec le continent, c'était en première ligne, nos modes, nos meubles, nos bronzes, nos armes de luxe, et généralement ce qu'on entend par articles de Paris.

Le commerce de banque, celui d'entrepôt et de consommation allaient à merveille ; les étrangers qui avaient habité Paris et qui n'attendaient que l'occasion favorable pour s'assurer par leurs yeux si la prophétie du député Isnard s'était réalisée (le voyageur étonné demandera sur quels bords de la Seine existait Paris; 31 mai 1793), y abondaient en un grand nombre, n'en est plus sorti.

Cette prospérité ne fut pas de durée. Le vainqueur de l'Italie était parti pour l'Egypte; la guerre recommencée avec l'Autriche et la Russie n'ayant pas été heureuse, il fallut bien employer des mesures extrêmes ; les impôts étaient mal payés ; on vint alors au système des emprunts, à la loi des ôtages. Le retour du général Bonaparte dissipa, comme par enchantement, toutes les alarmes.

Le général Bonaparte fut reçu avec le plus grand enthousiasme par les parisiens. Son voyage depuis Fréjus n'avait été qu'une suite d'ovations; les populations accouraient en foule sur son passage pour contempler les traits de l'homme que la Providence semblait envoyer miraculeusement pour sauver la France des dangers où elle se trouvait engagée. Dès son arrivée, il ne fut pas difficile de voir qu'il méditait un grand projet ; il accueillait avec préférence le parti modéré et politique du directoire et des deux conseils, les généraux et tous les officiers dont il prévoyait qu'il aurait bientôt besoin.

Au 18 brumaire, la bourgeoisie se pressa autour de Bonaparte, elle lui ouvrit ses coffres où il puisa sans façon ; mais il n'aimait pas les gens d'affaires, et Napoléon, empereur, oublia les services que l'on avait rendus à Bonaparte, premier consul. Il poursuivit plusieurs fournisseurs et les tint longtemps en prison, pour des réclamations injustes; il en rançonna d'autres arbitrairement : on ne conçoit pas tant de petitesse d'esprit de la part d'un aussi grand homme.

Depuis le 18 brumaire, nous voyons Bonaparte faire tous les jours quelque chose de nouveau pour augmenter et consolider sa puissance, convaincu, comme il l'était, qu'un pouvoir nouveau ne doit jamais rester oisif, et *que, ne pas faire, c'est pour lui reculer.*

Il abolit la loi odieuse sur les ôtages, il rappela dans leur patrie les victimes du 18 fructidor, les prêtres insermentés, à la seule condition de prêter serment aux lois du pays; il adoucit la rigueur des décrets contre les émigrés et abolit l'absurde serment de haine à la royauté exigé jusqu'alors des fonctionnaires publics.

Il fonda la caisse d'amortissement destinée à opérer successivement le rachat de la dette publique; la veille du 18 brumaire, le tiers consolidé était à 8 fr. à la bourse de Paris.

Il créa un conseil d'État qu'il divisa en sections; les présidents de ces sections étaient des hommes qui avaient donné des preuves de leur capacité dans nos assemblées publiques. Toutes les propositions de lois étaient discutées, élabo-

rées d'abord dans la section dont ressortait la loi,
et ensuite en conseil général, toutes les sections
réunies, et presque toujours présidées par le premier consul; on ne se figure pas combien cette
préparation des affaires au conseil d'Etat rendait
faciles les discussions dans les autres assemblées
qui composaient le gouvernement. C'est aux travaux de ce conseil d'Etat que nous devons le Code
Napoléon et toutes les dispositions législatives qui
firent les premiers succès du gouvernement con-
sulaire.

Il organisa les préfectures, sous-préfectures et
mairies; les préfets, sous-préfets et maires étaient
toujours pris parmi les hommes qui avaient donné
des gages à la révolution; tous les conseillers et
adjoints étaient choisis partout, même dans l'opinion royaliste.

Il prit une mesure qui lui rallia la bourgeoisie;
les réquisitionnaires et les conscrits furent auto-
risés à se faire remplacer pour le service militaire;
les comptoirs, les études, les bureaux des gens
d'affaires furent repeuplés d'une foule de jeunes
gens studieux qui purent dès-lors se livrer avec
sécurité à la profession qu'ils avaient choisie.

Il établit la banque de France; ce fut le premier service qu'il rendit au commerce de Paris.

Il donna de la stabilité à l'ordre judiciaire en

nommant les juges à vie, et en établissant des tribunaux d'un ordre supérieur.

La bataille de Marengo, et son retour à Paris après un mois d'absence électrisa toute la France ; on vit que la victoire était revenue se fixer sous nos drapeaux avec le général qu'elle avait si souvent comblé de ses faveurs.

Il créa l'ordre de la Légion-d'Honneur et fit une distribution de croix avec une grande solennité à l'Hôtel des Invalides.

Les succès des armées françaises en Allemagne venaient de contraindre l'empereur d'Autriche à faire la paix : dès-lors les Allemands riches, les Italiens, les Prussiens vinrent à Paris. La paix avec Paul 1er y amena des Russes; il ne manquait que des Anglais, lorsque le traité d'Amiens fut signé : ils y vinrent en foule assister aux fêtes superbes qui eurent lieu pour célébrer la paix générale.

Ce fut alors que Bonaparte conçut l'entreprise extravagante de reconquérir l'île de Saint-Domingue. Toussaint l'Ouverture venait de s'emparer avec facilité de la partie espagnole de l'île : il écrivit au premier consul et protesta qu'il était disposé à remettre le pouvoir au général que désignerait le gouvernement français. Malheureusement Joséphine était créole et avait beaucoup de rapports avec les anciens colons qu'elle secourait de son mieux; comme elle était très-bonne, elle re-

cevait tous les projets qui lui étaient présentés pour
démontrer la possibilité de reconquérir cette ancienne possession française. Le premier consul finit par partager cette opinion, et choisit son beau-
frère Leclerc pour la commander. Ce général arriva
le 5 février 1802 à Saint-Domingue ; l'armée expé-
ditionnaire qui était de trente mille hommes, n'a-
vait jamais eu de pareils soldats ; chaque individu
qui la composait était un héros qui faisait la guerre
depuis 1792, qui avait assisté sous Bonaparte à toutes
les batailles de l'armée d'Italie, qui avait bravé en
Égypte l'intempérie des saisons, les hasards des
combats et supporté des privations de toute espèce.
Nous n'oublierons jamais d'avoir vu débarquer à
Toulon un escadron qu'on appelait *les droma-
daires;* chacun de ces hommes avait l'air d'autant
d'Ajax, bravant la terre et le ciel. On dit que la
politique fut pour beaucoup dans le choix qui fut
fait de ces intrépides guerriers, et qu'ils avaient ma-
nifesté un peu trop haut leur opinion sur le départ précipité de leur général pour retourner en
France. L'armée française eut d'abord de grands
succès : rien ne put résister à son premier choc;
mais la mauvaise conduite de ceux qui la commandaient, la barbarie avec laquelle on traita les
noirs et leurs chefs, la rigueur du climat, la nouvelle manière qu'ils adoptèrent de nous faire une
guerre *de poste*, toujours meurtrière pour des

étrangers, mais favorable aux habitants, parce qu'ils connaissent mieux les localités; forcèrent les généraux qui avaient remplacé Leclerc, mort de la fièvre jaune, à abandonner cette folle entreprise. L'élite de l'armée noire qui était restée dans les rangs de l'armée française, et un grand nombre de noirs furent embarqués sur des vaisseaux, frégates et autres bâtiments de l'Etat; les capitaines avaient ordre avant d'arriver à Toulon pour y faire quarantaine, de toucher à l'île de Corse, pour y déposer leurs nègres. Bonaparte fit là un mauvais cadeau à ses compatriotes. Ces malheureux qui avaient beaucoup souffert des privations de la traversée, étaient dans un dénuement complet; avant qu'on eût le temps de savoir comment on remédierait aux inconvénients les plus urgents de leur nudité, ils mouraient par milliers; nous pouvons en parler savamment, nous exploitions alors la forêt de Libio, département du Liamone. On nous avait donné cinq cents hommes qui étaient les seuls bien vêtus de l'expédition, et qu'on avait soignés, à cause de leur air martial et de l'honneur qu'ils avaient eu de composer la garde particulière du général Toussaint L'Ouverture; ils moururent tous et communiquèrent au pays une maladie épidémique qui emporta beaucoup de monde.

La consulta cisalpine, réunie à Lyon par le premier consul, l'avait été dans le double but de se

faire nommer président de la république italienne
et de porter des consolations à la seconde ville de
France. Bonaparte fit beaucoup pour le rétablissement des manufactures, et il ordonna la recon-
struction des quartiers détruits pendant et après
le siége. On avait tant souffert alors de la tyrannie
des gouvernants et de leurs satellites, que le simple sourire du chef de l'Etat paraissait aux yeux de
tous un bienfait providentiel.

18 avril 1802 ; le concordat avec le Saint-Siége
est proclamé solennellement ; les consuls se rendent en grande pompe à Notre-Dame pour remer-
cier Dieu du rétablissement de la religion. Bonaparte permit aux émigrés, à une très-petite exception près, de rentrer en France ; il rendit aux grandes
familles qu'il croyait rattacher ainsi à sa fortune
leurs biens invendus ; les grandes forêts et celles
d'une étendue de plus de trois cents arpents étaient
restées intactes, elles avaient été réunies au domaine, et sauvées de la vente comme tous les autres
biens nationaux.

Le calendrier grégorien fut rétabli, ainsi que
la célébration des dimanches et un certain nombre
de fêtes. Tant d'événements survenus en si peu de
temps avaient attiré sur Bonaparte l'attention des
partis ; il y eut plusieurs conspirations contre sa vie,
de la part de ses anciens amis et des royalistes qui
devaient avoir plus d'espoir depuis que l'on par-

lait du rétablissement d'une royauté. Des échafauds furent dressés pour les plus coupables ; les autres, furent déportés ; plusieurs obtinrent leur grâce et ne se sont pas montrés par la suite très-reconnaissants envers leur bienfaiteur.

Toute l'Europe voyait bien que le but de Napoléon était de parvenir à l'empire ; la majorité des Français, toujours dans la crainte de la république, le voulait aussi ; les cabinets avec qui nous étions en paix, dans l'idée que Bonaparte, devenu empereur, sentirait son ambition satisfaite et ne tourmenterait plus l'Europe par ses guerres, étaient les premiers à le lui conseiller : on ne connaissait pas l'homme.

La guerre recommence en 1805 entre la France et l'Angleterre : la possession de l'île de Malte est le prétexte des hostilités, mais cette rupture ne pouvait être attribuée qu'à l'excessive ambition de l'Angleterre et de Napoléon. Il fut fait alors la grande faute de retenir en France, comme prisonniers de guerre, les Anglais qui étaient venus y voyager sur la foi des traités. Cette action inusitée même chez les peuples barbares, et la mort du duc d'Enghien, qu'il fit fusiller dans les fossés de Vincennes, par une autre violation de la foi jurée, ne lui fit pas des amis en Europe.

La guerre avec l'Angleterre ne devait pas tarder à amener une rupture avec l'Autriche ; cette

puissance, dans cette longue lutte avec la France,
n'a jamais manqué, lorsqu'elle était vaincue, et
qu'elle signait un traité de paix, à recommencer
le lendemain avec les guinées anglaises les pré-
paratifs d'une nouvelle guerre.

Les armateurs des corsaires de la Manche et de
tous les ports de mer reprirent la course et
firent de riches prises ; le mouvement entre le
camp de Boulogne et Paris était très-animé, et
enrichissait les ouvriers travaillant pour les effets
militaires et les objets qui tiennent à la guerre ;
mais le commerce de banque, celui des denrées
coloniales retombèrent dans l'apathie ; la truelle
ne travaillait plus que pour le gouvernement et
pour les constructions qu'il soutenait de ses
secours pécuniaires.

Le 30 novembre 1804 vint l'empire avec toutes
ses pompes ; Napoléon fut reconnu par l'armée
réunie à Boulogne avec une solennité guerrière
qui plut aux soldats. Ceux qui avaient fait la guerre
sous les ordres du général Bonaparte en Italie,
électrisaient les jeunes conscrits par le récit de
tant de glorieuses actions où il les avait conduits à
la victoire. L'armée salua le nouvel empereur
avec des transports d'allégresse, et vit sans dé-
plaisir les drapeaux de la république remplacés
par les aigles romaines, que Napoléon distribua
lui-même à chaque régiment.

Les fêtes de son couronnement attirèrent à
Paris toute la France ; il y avait des députations
des villes, des tribunaux supérieurs, de tous les
régiments de l'armée de terre et de mer. Les dia-
mants, les étoffes précieuses, les beaux équipages
reparurent.

Napoléon fut sacré empereur le 2 décembre 1804 ; la présence du pape et de plusieurs
cardinaux dans l'église de Notre-Dame, rendait
cette cérémonie bien remarquable pour l'obser-
vateur qui avait suivi les événements de la révo
lution depuis la prise de la Bastille.

Lorsque la comédie du camp de Boulogne fut
finie, ou pour mieux dire lorsqu'on ne sut plus
quel dénoûment lui donner, Napoléon déclara la
guerre à l'Autriche ; l'armée française s'élança sur
les bords du Rhin avec une assurance en ses
succès qui fut bientôt justifiée par plusieurs glorieux combats, couronnés enfin par la victoire
d'Austerlitz, qui termina la guerre avec l'Autriche et la Russie. De retour à Paris, Napoléon était dans l'intention de sacrifier cent millions pour l'encouragement du commerce et de
l'industrie ; il commença malheureusement par
prêter de grosses sommes à quelques banquiers
ruinés, à quelques fabricants qui n'avaient pas
assez de connaissances pour que les produits de
leurs manufactures pussent lutter contre ceux

des manufactures anglaises. Il avait trop de pénétration pour ne pas voir que tous ces faiseurs
de projets, pour fonder de nouvelles manufactures ou industries particulières, n'étaient que
des intrigants sans talents ni pratique aucune.
MM. les académiciens et leurs doctes raison-
nements sur la possibilité de cultiver en France
un grand nombre de produits des deux Amé-
riques ne lui en imposaient guère ; il vit bien
que le temps n'était pas encore venu de s'occuper
de tels projets ; il aima mieux employer ses millions à des travaux utiles, tels que la réparation
des grandes routes, la mise à neuf des châteaux
impériaux et leur ameublement, et le montant de
toutes ces dépenses fut énorme ; il érigea la colonne
de la place Vendôme avec les canons pris à Austerlitz ; il construisit l'arc de triomphe du Carousel, les
aqueducs qui circulent dans tout Paris, les quais,
les fontaines, pourvut à la réparation des églises, et
tous ces travaux portent un caractère d'utilité publique et de grandiose admirables. Le Louvre qui
tombait en ruines fut réparé et continué ; des colonnes et des fontaines triomphales ornèrent nos places
publiques, l'école polythecnique reçut une nouvelle
organisation, et de nouvelles écoles spéciales furent fondées pour l'enseignement des beaux-arts.

La peinture, la sculpture, le dessin, la gravure,
magnifiquement encouragés par Napoléon et par

le nombre de superbes modèles que leur offrait
le Musée de Paris, s'élevèrent à un grand point
de perfection; les peintres surtout nous ont trans-
mis dans leurs tableaux la représentation des mémorables victoires de l'empereur. Il avait rétabli
l'école de Rome, où nos sculpteurs, nos peintres,
nos graveurs, se perfectionnaient; leur premier
ouvrage était toujours la représentation d'un événement de l'empire ou d'une action de l'empereur.

Après la bataille d'Iéna, il data de Berlin un
décret foudroyant contre les marchandises anglaises, dont il ordonna la destruction, même de
celles prises par les corsaires français. Comme on
ne pouvait se passer de café, de sucre, de thé, et
qu'on avait besoin d'autres marchandises précieuses qui ne pouvaient nous arriver alors que par
l'Angleterre, Napoléon consentit à donner des
licences spéciales qui étaient signées par lui-
même, pour l'introduction en France de toutes
ces marchandises, à la condition de faire sortir
de nos ports la même valeur en produits de l'ins-
dustrie française. Il se fit d'abord de très-bonnes
affaires; les magasins de Paris furent débarassés
d'une multitude de vieilleries qui les encombraient depuis bien des années; les batistes, les
soieries, les porcelaines, les tableaux, la mu-
sique, les objets de mode, les bronzes et une

foule d'autres articles, étaient destinés à figu-
rer dans cette balance des produits français
censés fournis en échange des riches cargaisons qui
arrivaient des ports d'Angleterre : tous nos articles
manufacturés n'étaient pas admis par les douanes
anglaises; mais les bénéfices étaient si considérables, que des cargaisons entières, produits de
notre industrie, étaient jetées à la mer.

A son retour de la campagne de Prusse, Napoléon crut, par sa présence, ranimer la guerre
d'Espagne; il était écrit là haut que cette guerre
devait occasionner sa perte et son humiliation.
L'Autriche lui déclara la guerre; Napoléon quitta
précipitamment l'Espagne et partit de Paris le
15 avril 1809; à la suite de plusieurs glorieux combats, il entra à Vienne le 12 mai suivant. Après
la bataille de Wagram, Napoléon revint à Paris;
il divorça avec Joséphine, qui avait eu, par son
mérite et ses bonnes qualités, beaucoup de part
à sa glorieuse destinée. Les fêtes pour la paix se
mêlèrent à celles de son mariage avec une princesse autrichienne; ce fut la première fois que les
Parisiens crurent à l'empire et à sa durée; aussi
toutes les classes, même les plus élevées dans l'ancienne aristocratie, demandèrent des emplois à la
cour de l'empereur et de l'impératrice. S'il faut
juger de la France par l'avidité de chacun pour se
procurer des titres et des dignités, nul pays au

monde n'est moins propre que le nôtre pour en
faire une république : les généraux, les préfets,
toutes les personnes qui composaient l'administration civile voulaient être ducs, comtes, barons,
chevaliers de l'empire. Napoléon, dans dix ans,
fit plus de nobles que la dynastie des Valois n'en
fit pendant les siècles de sa domination.

Les fêtes de la cour, celles données dans les
châteaux de Saint-Cloud, Fontainebleau, Ram-
bouillet et autres lieux de plaisance qui venaient
d'être restaurés, occupaient l'industrie favorite des
Parisiens, savoir : le luxe des habits, celui des dia-
mants, des équipages, des meubles d'un goût
nouveau ; tous les militaires, les employés supérieurs des administrations revenaient à Paris chargés des dépouilles opimes et y faisaient une dépense
prodigieuse. Napoléon exigeait que sa famille, qui
était nombreuse et riche, que les grands fonctionnaires de l'État jouissant de traitements considérables, eussent une représentation conforme à la
fortune qu'il leur avait faite ; il détestait les avares
qui thésaurisaient, à commencer par sa respecta-
ble mère , il leur reprochait avec amertume de
manquer de foi en sa fortune.

Vinrent ensuite les jours néfastes de l'empire :
tout l'univers avait les yeux fixés sur cette grande
expédition de Russie. Un soldat élevé sur le pa-
vois voyait marcher à sa suite le successeur des

Césars, celui du grand Frédéric, une multitude
de rois et de princes qui avaient mis à sa disposition leurs armées sans oser demander seulement à ce nouvel Agamemnon ce qu'il allait en
faire ; la terre tremblait sous les pieds de cette
armée, qui n'avait jamais eu de semblable dans
les temps modernes. Napoléon, qui s'était toujours
trompé sur l'effet qu'il produisait sur les autres
hommes, se croyait un objet d'admiration pour
tout l'univers, même pour ces souverains, entraînés malgré eux, contrairement à leurs propres intérêts et qui auraient mieux aimé se réunir contre
l'ennemi commun que de marcher avec lui.
Aussi quand le vent glacial du nord, qui fut le
vent de l'adversité, vint à souffler sur lui, toutes
ces armées se dispersèrent et rentrèrent dans leurs
États respectifs ; les mêmes souverains devinrent
ses plus grands ennemis et se préparèrent à cette
guerre d'extermination qui devait armer un million
d'hommes contre la France.

Napoléon partit le 5 décembre de Moscou ; arrivé
à Paris le 18, il est complimenté par toutes les autorités, qui devaient être cette fois bien embarras-
sées de composer leurs discours ; le sénat lui offrit
une conscription de trois cent cinquante mille
hommes tous organisés en cohortes, dont l'Empereur fit des régiments qu'il dirigea sur le Rhin,

ainsi que plusieurs régiments de dragons qu'il tira d'Espagne; il y réunit l'artillerie de la marine et dix mille hommes de gardes d'honneur; il parvint à composer et former ainsi l'une des plus belles armées qui fussent sorties de France.

Le 5 février, sénatus-consulte qui ordonne que, le cas arrivant où l'empereur mineur monte sur le trône sans que l'empereur son père ait disposé de la régence de l'empire , l'impératrice-mère réunit de droit à la garde de son fils mineur la régence de l'empire. Ce fut le souvenir de la conspiration récente du général Mallet, dont la répression avait dépendu de causes tout-à-fait fortuites, qui détermina cette mesure. Napoléon fut profondément humilié du peu d'importance que les conspirateurs avaient attaché à s'emparer du roi de Rome, qui était à Saint-Cloud. Pendant le récit qu'on lui fit de cette audacieuse entreprise, il interrompit souvent le duc de Rovigo, M. Pasquier et l'archi-chancelier, en disant : *Et le roi de Rome, ils n'y ont donc pas pensé !* Cet oubli le blessa dans l'orgueil de sa dynastie et le fit sérieusement réfléchir.

Il s'inquiéta beaucoup de la situation de Paris, et ordonna au préfet de police, alors M. le baron Pasquier, de lui faire un rapport, que nous transcrivons ici en entier, afin qu'on puisse com-

parér la situation des ouvriers d'alors avec celle
où ils sont aujourd'hui.

Le 4 avril, note particulière écrite en entier de
la main de M. le baron Pasquier.

« Au faubourg Saint-Antoine, dit-il, et dans
» les quartiers environnants, les ouvriers entrent
» dans les boutiques, ils demandent du travail ou du
» pain; les esprits s'échauffent, et en plein jour on
» affiche des placards injurieux contre l'empereur.

» M. le baron Pasquier pense que l'arrestation
» des plus mutins serait un remède dangereux et
» impuissant. Il propose d'autoriser les commis-
» saires des bureaux de bienfaisance à doubler, à
» tripler les distributions de secours et à les
» étendre extraordinairement aux ouvriers logés
» en garni, et même à ceux qui n'auraient plus
» de domicile. Mais tout cela doit se faire sans
» bruit, avec réserve, car il ne faut pas offrir
» publiquement aux ouvriers nécessiteux une au-
» mône légale, dont la forme les humilierait
» d'abord et à laquelle peut-être ils ne s'habitue-
» raient que trop bientôt après. »

A la même époque, on soumet à l'empereur un
tableau des ouvriers de Paris; on n'y a compris ni
les garçons traiteurs, limonadiers, marchands de
vins, etc., ni les garçons d'hôtels, dont la pro-

fession touche à la domesticité, bien qu'ils soient porteurs de livrets. La population totale de Paris étant de 650,000 âmes, la population des ouvriers mâles, ainsi réduite, était de 66,850 ; sur ce nombre, il s'en trouvait 21,950, ou près d'un tiers, sans ouvrage. Voici ce tableau, dont les différents articles, comparés avec ce qu'ils sont aujourd'hui, pourront n'être pas dépourvus d'intérêt:

		Sans ouvrage.
Boulangers.	1,600	300
Ébénistes.	2,800	2,000
Serruriers.		
Taillandiers.	4,000	1,200
Machinistes.		
Tailleurs.	3,500	1,200
Selliers.	800	400
Carrossiers.		
Joailliers.	200	100
Bijoutiers.	2,200	1,800
Ciseleurs.	500	150
Doreurs.	600	200
Orfèvres.	1,000	700
Faïenciers.	900	300
Peintres.	1,200	300
Papiers peints.	2,500	1,000
Fondeurs en caractères.	200	100
Graveurs sur bois.	200	150
Imprimeurs en lettres.	2,500	600
Id. en taille-douce.	200	100
Id. sur toile.	400	200
Planeurs, fondeurs en cuivre.	600	400
Passementiers.	800	400
Corroyeurs.	900	300
Tissutiers de coton.	2,000	1,500
Bottiers. 300	5,000	2,000
Cordonniers. 4,700		
Tablettiers, éventaillistes, etc.	11,000	3,000

Pour montrer combien l'industrie se déplace, nous remarquerons que les éventaillistes ne sont

pas aujourd'hui 200 dans Paris, et que les bot-
tiers y sont maintenant aussi nombreux que les
cordonniers proprement dits. Encore une observation : demandez au premier ouvrier bottier
venu combien il y a dans Paris d'ouvriers de sa
profession ; il vous répondra sans hésiter 45,000.
Or, en faisant largement la part à l'augmentation
de la vente intérieure et extérieure, vous trou-
verez qu'ils ne sauraient être 8,000.

Mais l'empereur ne se contenta pas de savoir
quelle était la position des ouvriers au commencement de mai, il voulut savoir d'avance ce qu'elle
serait pendant l'hiver, et voici la minute d'un
travail composé à la préfecture pour répondre à
ce vœu.

Notes sur les classes d'ouvriers qui l'hiver prochain
   se trouveront probablement sans ouvrage ou avec
   peu d'ouvrage.

« Les ouvriers en bâtiments ne doivent pas
» beaucoup inquiéter, parce qu'annuellement un
» grand nombre est sans ouvrage pendant l'hiver,
» parce qu'ils le savent, parce qu'enfin la plupart
» des maçons et des tailleurs de pierre retournent
» dans leurs foyers à la fin de la campagne.
   » Cependant, si le pain est plus cher dans leurs
» départements qu'à Paris, ce qui ne paraît que

» trop vraisemblable , il est à craindre que tous
» ceux qui sont célibataires ne restent à Paris et
» n'y deviennent une surcharge incommode , sur-
» tout si l'hiver est rigoureux.

» Mais , dans tous les cas , il importe de ne pas
» perdre de vue les serruriers et les menuisiers
» qui ne quittent guère Paris.

» Il serait à propos de tenir la main à ce que
» les travaux de ces deux professions, qui seront
» à exécuter l'année prochaine dans les con-
» structions publiques, au Louvre, par exemple ,
» soient préparés dans les ateliers pendant l'hiver
» afin d'occuper ces ouvriers.

» Les peintres ne feront probablement rien ; ils
» sont au nombre d'environ douze cents.

» Tous les garçons et ouvriers qui tiennent à
» la bouche souffriront s'il vient peu d'étrangers
» à Paris , si l'empereur est absent, si le com-
» merce ne reprend pas un peu de vie. Cependant
» il n'y a pas encore beaucoup à s'inquiéter, parce
» que leur désœuvrement n'est pas constant.

» Les tailleurs , cordonniers , chapeliers, tout
» ce qui tient à la mise , souffrira également, mais
» les travaux militaires en alimenteront sans doute
» une partie. Cependant il faut s'attendre que de
» ces classes il y aura toujours deux mille ouvriers
» en alternative d'occupation et de désœuvre-
» ment.

» L'orfèvrerie, la bijouterie ont repris un peu
» d'activité depuis le mois de juin ; les foires de
» Beaucaire, de Bordeaux, de Francfort, de
» Leipzick, en ont été la cause. Ces foires vont
» toutes être terminées, et l'on peut craindre le
» retour du désœuvrement de ces classes.

» Les ciseleurs, doreurs, bronziers, ornema-
» nistes, ne font absolument rien ; ils sont tous
» au canal, aux pilotages. 1,200

» Les fileurs, les fabriques de tissus de coton,
» ont repris un peu d'activité, mais beaucoup
» d'ouvriers de cette classe sont encore sans travail
» de leur état, et occupés aux travaux publics ; le
» nombre de ceux qui ne sont pas encore rentrés
» dans les ateliers s'élève encore à environ 1,500.

» La menuiserie en meubles et l'ébénisterie
» sont toujours en souffrance ; si on ne les sou-
» tient pas, on doit s'attendre à voir un millier
» d'ouvriers sans travail, ci. 1,000

» Les commandes en carrosses sont à peu près
» nulles. Il faut s'attendre à l'inoccupation de
» cinq à six cents ouvriers charrons, menui-
» siers, peintres en voitures, selliers et carros-
» siers, ci. 600

» Les tanneurs, corroyeurs, etc., seront sans
» doute plus occupés que l'année dernière ; leur
» travail sera moins contrarié par des banque-
» routes ; mais la langueur du commerce en lais-

» sera toujours un certain nombre sans ouvrage;
» on l'évalue à. 200

   » Il est douteux que les fabriques de papiers
» peints soient très-actives, l'étranger faisant peu
» de demandes, et la briéveté des jours pendant le
» travail peu profitable 600

   » L'imprimerie et tout ce qui y tient ne doit pas
» inquiéter l'administration ; cependant on ob-
» servera que l'impôt établi sur ce qu'on appelle
» labeur rend les réimpressions plus rares, les
» libraires plus circonspects, et diminue les tra-
» vaux de l'imprimerie.

   » Sans rien vouloir exagérer, on peut craindre
» que huit à dix mille ouvriers ne soient sans ou-
» vrage cet hiver. Quelques-uns vivent dans leurs
» familles; d'autres de leurs épargnes; le reste sera
» toujours un sujet d'inquiétude, surtout, si,
» comme on le peut craindre, le pain est plus
» cher.

   » Les travaux de terrasse pourront les occuper
» même en temps de gelée, pourvu qu'il n'y ait
» pas de neige, et que la gelée ne soit pas trop
» forte. Il sera donc bien important de ne pas les
» interrompre.

   » Les ouvriers en bâtiments, qui restent l'hiver
» à Paris, pourront être occupés des démolitions
» projetées ; elles peuvent s'effectuer dans tous les
» temps.

» Sous les dates des 18 et 24 décembre 1815 ,
» nous trouvons encore, dans les archives de la
» préfecture, deux lettres écrites par M. de Mon-
» talivet, ministre de l'intérieur, à M. le baron
» Pasquier, préfet de police.

» C'est par du travail et non par des aumônes
» que l'empereur entend que l'on vienne au se-
» cours de la classe ouvrière. Sa majesté s'étonne
» que, sur vingt-un mille ouvriers sans ouvrage.
» il s'en trouve six à sept mille exerçant des pro-
» fessions pour lesquelles les administrations de la
» guerre et de la marine prétendent manquer de
» bras ; si les marchés passés ne suffisent pas , il
» faut doubler, tripler les commandes, en sorte
» que ces six à sept mille hommes aient de l'ou-
» vrage , et n'employer au canal (de l'Ourcq) que
» les ouvriers dont la guerre et la marine ne sau-
» raient utiliser les travaux. »

Mentionnons, en passant, une note statistique
qui pourrait ne pas être sans valeur en présence
des éventualités auxquelles nous pouvons être soumis. Nous avons sous les yeux un *état inédit de la
population de Paris d'après le recensement fait par les
commissaires de police de l'année* 1807 , lequel se
termine par la récapitulation suivante :

Total des habitants en temps de paix 649,192
　　　　　　Id.　　de guerre 573,780

Différence. .　.　.　.　.　. 75,412

8

Donc une guerre sérieuse enlève à la capitale un peu moins du huitième de sa population ; ainsi, si nous supposons cette population en chiffres ronds de 800,000 habitants, la guerre enlèverait 92,950 et la réduirait à 707,070 habitants.

De tout ce qui précède, il résulte que si Napoléon n'a pas eu d'émeutes d'ouvriers à réprimer pendant son règne, c'est qu'il a pris soin de les prévenir, convaincu, comme il le disait, qu'il n'est pas de gouvernement si craint et si admiré que la faim ne puisse mettre en danger. Les armées de l'empereur étaient une grande ressource ; les hommes valides et qui avaient encore (selon sa propre expression), deux ou trois campagnes dans le corps, recevaient une feuille de route ; on leur promettait d'avoir soin de leur famille et de leurs vieux parents. Cet engagement rempli avec exactitude en attirait d'autres.

Le théâtre de la guerre était transporté en Allemagne. Napoléon y gagna le 2 et ensuite les 19, 20, 21, 22 mai 1813 les batailles de Lutzen et Bautzen ; mais il perdit la bataille de Leipsick, et ne put rentrer en France qu'en marchant sur le corps des troupes appartenant à un prince qu'il avait fait roi (1). De retour à Paris, il organisa un peu tardivement la garde nationale et se prépara

(1) Au combat d'Hanau.

à repousser les ennemis qui déjà envahissaient le
territoire. Les efforts de son génie, et les prodiges de valeur de nos soldats obtinrent encore
à Montmirail, Brienne, Champaubert, des succès
éclatants. Les débris réunis de cette grande armée
qui avait accompli tant de merveilles, ne purent
empêcher les armées alliées d'entrer dans Paris,
où s'établit spontanément la famille des Bourbons. Napoléon abdiqua la souveraine puissance,
ne se conservant que la possession de l'île
d'Elbe.

Si Napoléon n'avait pas été enivré par son orgueil, il aurait reconnu qu'on le trompait depuis ses
grands revers toutes les fois qu'on lui parlait de traiter de la paix avec lui, et qu'on n'avait d'autre intention que de gagner du temps. Les personnes politiques qui ont bien compris sa situation alors et depuis, qui ont bien étudié les événements de cette
époque, conviennent toutes que l'empereur aurait
dû faire rentrer en France ses troupes dispersées en
Allemagne, en Hollande, en Espagne, en Italie
même; il aurait conservé la Belgique, les quatre départements du Rhin, Nice, la Savoie, etc, enfin ce
que nous étions habitués à nommer les limites
naturelles de la France. Un pays comme le nôtre
qui a pu supporter deux invasions, l'occupation
pendant trois ans d'une armée étrangère, des con-

tributions exorbitantes, aurait bien pu nourrir
vêtir, entretenir pendant trois ans une armée de
sept cent mille hommes. Napoléon, entourant
ainsi la France d'un cercle d'acier et de bronze,
parcourant sans cesse de sa personne ses armées,
reprenant ses habitudes soldatesques qui plaisaient
tant aux Français, réprimant par une juste sévéri-
rité les factions, aurait sauvé l'empire et l'empereur; mais il fallait se jeter dans les bras de la
nation, se fier à elle; il n'est pas exact de dire
qu'il aurait couru des dangers personnels. Napoléon malheureux aurait plus intéressé la nation,
que Napoléon attirant par ses fautes multipliées
et sa vanité, l'ennemi sur le territoire français.
Nous dirons plus : peut-être serait-il sorti de cette
lutte plus puissant que jamais; car l'Angleterre
se serait lassée de fournir les millions qu'il fallait
pour entretenir des armées aussi considérables, et
ces armées réduites aux ressources des pays qu'elles
occupaient, et qui n'était pas le leur, se seraient
fondues; mais les souverains ennemis de Napoléon connaissaient parfaitement son caractère, ils
spéculèrent là-dessus et réussirent.

Ainsi finit cet empire qui avait dévoré quatre millions d'hommes et plus de six cents millions d'argent. Napoléon avait rendu le nom français re-
doutable dans tout l'univers; la gloire que l'on

acquiert dans les combats est merveilleuse et réelle sans doute; le soldat qui expose sa vie et supporte toutes les privations, reste toujours étranger à la politique; il regarde son drapeau, qu'il soit tricolore, avec la devise, république française; qu'il soit surmonté d'un aigle, qu'il soit même blanc, pour lui, c'est toujours la France; c'est pour son honneur, sa gloire et son indépendance qu'il combat. Les titres, les décorations acquises ainsi sur le champ de bataille sont toujours bien méritées; c'est le prix du sang; et que deviendrions-nous si tout périssait avec nous? La gloire héréditaire doit toujours être sacrée, comme l'a dit le duc de Fitz-James à la chambre des pairs; le boulet qui tua le duc de Berwick était lancé par les ennemis de la France, aussi bien que celui qui atteignit le duc de Montebello, à Essling.

Mais la manière dont a fini Napoléon a causé bien des regrets à ceux qui l'aimaient; il rendit la France plus petite qu'il ne l'avait reçue du directoire. Il perdit la Belgique, les départements du Rhin, Nice et la Savoie; toutes ces conquêtes étaient antérieures à sa puissance. Napoléon, empereur, commit la faute qui avait causé la chute de la république; il voulut soumettre les nations vaincues aux mêmes for-

mes de gouvernement qui régissaient la France.
Ainsi, nous avons vu les républiques Batave,
Cisalpine, Transalpine, Romaine, Parthéno-
péenne, Helvétique. Napoléon se fit protecteur
de la confédération du Rhin et de la Suisse. Son
frère Jérôme roi de Weshphalie, son frère Joseph roi d'Espagne, son frère Louis roi de
Hollande, son beau-frère Murat roi de Naples,
son beau-frère Bacciochi souverain de Florence,
comme si un décret de l'empire eût suffi pour
qu'un peuple abandonnât ses croyances, l'attachement à son souverain, ses mœurs, ses lois et
ses habitudes, pour prendre celles du vainqueur.
Napoléon méprisait les hommes et se croyait d'une
essence approchant plus de la divinité que de ses
semblables; il ne confiait jamais toute l'étendue
d'un projet à ses plus intimes amis, se servant de
chacun en particulier comme d'une machine se-
condaire, lui seul faisant mouvoir l'ensemble.
Tout Paris a répété une réponse singulière qu'il
fit à l'un de ses ministres qu'il aimait le plus; il
lui donnait un ordre à l'issue du conseil : Ce que
me demande votre majesté, répondit l'excellence,
sera prêt avant son départ. Mais qui vous a dit
que je partais, répondit Napoléon. Trois jours
après, il était sur la route de Moscou.

L'une des plus grandes absurdités que l'on ait

dites, et qui a été répétée mille fois par des
hommes éclairés qui auraient dû être au-dessus de
ces propos, que les Bourbons étaient arrivés en
France à la suite des bagages et des baïonnettes
étrangères, comme si Napoléon n'était pas lui
seul la cause de l'invasion des armées étrangères. L'empereur d'Autriche lui avait donné sa
fille en mariage, le czar le traitait de frère, et
il avait conçu pour ses talents la plus grande admiration ; les souverains de la confédération du
Rhin avaient contracté des alliances de famille
avec lui ; mais ce que tout le monde ne sait pas,
c'est que la prise Paris étant considérée comme
le terme de l'entreprise des armées alliées, les
amis des Bourbons leur conseillèrent de hâter le
pas et d'y arriver en même temps que les souverains alliés ; ils suivirent ce conseil et s'en trouvè-
rent bien, les souverains ayant déclaré qu'ils ne
traiteraient jamais avec Napoléon ni avec sa famille. Comme ces monarques n'étaient pas venus
de si loin à Paris pour ressusciter la république
française une et indivisible, ils ne pouvaient mieux
faire que de rétablir l'ancienne dynastie des Bourbons. D'ailleurs, on le répète, tous n'étaient pas
également bien intentionnés à l'égard de la France
et des Bourbons.

Nous sommes arrivés au commencement d'une
suite d'événements qui seront difficiles à racon-

ter ; car chacun les a vus d'après son opinion politique et sa situation personnelle. Les Bourbons
devaient-ils faire la contre-révolution, ou régner
d'après une charte écrite. On leur conseillait avec
de bonnes raisons de part et d'autre de se décider
promptement ; il était facile de continuer Napoléon, avec les hommes de l'empire qui n'auraient
pas mieux demandé que de confondre la nouvelle
noblesse avec l'ancienne ; les uns et les autres se
connaissaient déjà par le service qu'ils faisaient
ensemble dans les antichambres de Napoléon.

La jeune noblesse avait fait la guerre sous les
ordres de nos généraux, et avait pris l'habitude
de les respecter. Ces militaires ayant fraternisé
sous la tente avec les officiers de l'armée, sans
aucune distinction de naissance, les intérêts se seraient confondus, pour peu que l'ancienne noblesse y eût mis du sien : ce système aurait pu
marcher, mais les choses ne se passèrent pas
ainsi. Louis XVIII n'eût pas plutôt mis les pieds
sur le territoire francais, qu'il fut entouré fort
heureusement par ces patriotes éprouvés, restes
de ces hommes de talent qui avaient abandonné
Napoléon dès qu'ils l'avaient vu violer toutes ses
promesses, et remplacer la liberté par son despotisme. Ils auraient fait aller Louis XVIII jusqu'à la
cocarde tricolore, si son auguste frère qui l'avait

précédé n'avait pas fait son entrée à Paris avec la
cocarde blanche ; voilà donc le prince le plus altier,
le plus impérieux qu'il y eût au monde, transformé
en roi constitutionnel.

La politique nous fait oublier notre but principal, l'état de l'industrie parisienne : c'est alors
qu'elle parvint à l'apogée de sa prospérité. Il
fallut équiper les armées alliées, leurs généraux,
leurs officiers, tous les Français qui venaient voir
l'ancienne famille pour s'en faire distinguer des
premiers, les familles anglaises qu'il fallait entor-
tiller dans les modes de Paris. Les achats que faisaient les Allemands, les Russes, les Prussiens, et
qu'ils envoyaient à leurs familles, pour bien consta-
ter leur présence dans ce Paris tant vanté, le but des
travaux qu'ils venaient d'accomplir, toutes ces em-
plètes en bijoux, petits meubles, modes, vidèrent
bientôt les magasins de beaucoup d'objets qui y auraient ranci longtemps. Les officiers dont les corps
d'armées occupaient d'autres parties de la France,
venaient voir Paris et y dépensaient de l'argent; toutes les rapines que ces étrangers faisaient dans les
départements venaient se fondre à Paris; l'entreprise des jeux de hasard et les restaurateurs entraient pour beaucoup dans les occupations favori-
tes de *ces chers amis.* Toutes ces prospérités étaient
délicieuses pour les banquiers, les négociants, les

marchands et fabricants de Paris, mais elles ne pouvaient pas être partagées par toutes les villes de France qui souffraient beaucoup, et enviaient les Parisiens.

Sur les six cents mille Français qui rentrèrent en France, soit comme prisonniers de guerre ou comme agents du gouvernement français, il s'en trouvait cinquante mille qui vivaient depuis vingt ans des emplois du gouvernement, et qui vinrent demander des places dans l'intérieur. Les Vendéens vinrent demander le prix de leur dévouement; mais toutes ces places, tous ces emplois étaient occupés par la bourgeoisie qui faisait valoir ses titres en s'attribuant toute la gloire d'avoir conservé la France dans son intégrité, de l'avoir même agrandie, d'avoir anéanti le parti anarchiste, d'avoir reconstitué la royauté dans la personne de Napoléon, et d'avoir ainsi préparé celle de la famille des Bourbons. Tout le territoire de la France mis en vente n'aurait pas suffi pour satisfaire à toutes les exigences, enfin tout le monde était mécontent; les Bourbons avaient dit en arrivant que tous les Français étaient leurs enfants, qu'ils n'avaient de préférence pour aucun, mais pour être prince on n'en est pas moins accessible aux faiblesses de l'humanité. Il était donc tout simple que les Bourbons eussent de la prédilection pour leurs anciens amis, pour ceux qui avaient aban-

donné leur patrie, leur famille, afin d'aller combattre pour leur cause, et qu'ils retrouvaient
dans le besoin après leur retour miraculeux en
France. Qu'on les eût indemnisés de leurs sacrifices, personne ne l'aurait trouvé mauvais ; mais
quand on les vit arriver aux Tuileries avec de
grosses épaulettes de colonel, d'autres avec des habits brodés de généraux, les épaulettes de capitaine
n'étant portées que par les emplois les plus subalternes, et les croix jetées comme s'il en pleuvait,
on crut un moment que la cour de France allait
prendre les habitudes de celle de Russie, où tous les
emplois civils correspondent à un grade militaire.

On vit reconstruire la maison du roi sur les
mêmes errements qu'elle était sous Louis XV,
les mousquetaires gris et noirs, les chevau-légers,
les gardes-du-corps, les cent Suisses, les gardes
de la Manche. Tous ces corps étaient recrutés
dans l'ancienne noblesse, tandis qu'il y avait en
France une multitude de bons officiers et de militaires qui n'auraient pas mieux demandé, comme
on l'a vu plus tard, que de former une garde autour du trône. Les dénonciations et les destitu-
tions commencèrent ; les ministres n'étaient plus
les maîtres de disposer des emplois ; le duc de
Berry, quoique fils de France, ne put sauver de
la destitution le préfet qui l'avait accueilli le premier et l'avait comblé de prévenances et de res-
pects ; toutes les institutions existantes étaient re-

poussées ; on recherchait la conduite que chacun avait tenue pendant la révolution ; il n'était pas difficile de trouver des torts qu'on aurait mieux fait de laisser dans l'oubli : au 20 mars, Napoléon trouva toute la nation déplacée, cherchant un avenir quelconque. Les militaires particulièrement s'empressèrent d'entourer leur général ; les cultivateurs couraient aux armes; chaque département levait avec facilité sa part d'un contingent qui, réuni, devait être de quatre cent mille hommes; mais on manquait d'armes, de drap pour habiller ce grand nombre de gardes nationales ; il n'y avait ni cuirs pour la chaussure ni pour le fourniment; les armées alliées avaient tout consommé.

On prit une résolution bien déplorable, ce fut de faire partir, sans être habillés ni armés cette grande masse d'hommes, en les dirigeant sur des points de la frontière où ils devaient trouver des armes et des vêtements que l'on croyait pouvoir fabriquer à Paris. Mais Paris n'était pas mieux pourvu que les départements. C'est avec peine qu'on avait pu mettre la garde impériale en état de faire la guerre. A la bataille de Waterloo, il n'y avait pas un régiment de nouvelle levée ; on savait bien qu'après cette bataille les armées alliées marcheraient sur Paris et que la paix serait faite. Ainsi tous ces hommes vêtus en bourgeois ou en cultivateurs regagnèrent leurs foyers sans feuille de route, mendiant leur pain, ne pouvant être d'aucune utilité, ni offrir aucune résistance pour défendre leurs propres foyers. Napoléon n'ayant mis personne dans la confidence de ses projets de défense, ses lieutenants n'osaient rien prendre sur eux; en résultat, le malheureux empereur avait si mal opéré, préparé la défense du territoire avec si peu de prudence, que quelques cent mille hommes, en 1815, ont pu se promener impunément, l'arme au bras, sur la surface de la France.

Napoléon, après son désastre de Waterloo, revint à Paris où il abdiqua une seconde fois. Tout l'univers connaît cette circonstance de son histoire; il se trompa encore cette fois, comme nous l'avons dit, sur l'effet qu'il produisait sur l'esprit des autres hommes en demandant l'hospitalité à l'Angleterre. Napoléon, vainqueur de tous les peuples du continent, était considéré comme un grand homme, admiré même de ses ennemis; Napoléon, vaincu, fugitif, prisonnier, n'était plus qu'un fou qui avait abusé des faveurs de la fortune, et qu'il fallait éloigner de cette même Europe qui avait été si longtemps à ses pieds.

Louis XVIII et sa famille, c'est-à-dire monseigneur le comte d'Artois et son fils le duc de Berry, se dirigèrent sur Paris après la bataille de Waterloo, et passèrent deux jours à Saint-Denis. Paris était administré par un gouvernement provisoire

dont le duc d'Otrante était président. Le maréchal
Masséna commandait la garde nationale ; le roi
fut complimenté le jour même de son arrivée,
par des personnages qui se vantaient d'être ses
sujets les plus dévoués ; ils avaient rédigé un projet de constitution pour remplacer la charte ; il
ne devait plus y avoir de chambre de députés,
ni d'assemblée à Paris. Les communes auraient envoyé un certain nombre de députés aux
chefs-lieux des département, pour établir tous les
trois ans l'assiette des impôts, et chaque département aurait fait ses réclamations, sans se mêler
de la confection des lois. D'après ce plan il devait
être formé un conseil d'État avec des sections
pour chaque partie du service, dont les présidents
auraient été appelés ministres d'État ; le roi aurait créé un grand nombre de pairs, et la pairie
aurait été attachée à la famille ; ces pairs eussent
été pris dans l'ancienne noblesse et parmi les individus de la nouvelle, qui avaient donné des
gages de dévouement à la famille des Bourbons ;
tous les ans, par lettres clauses, trois cents pairs
seulement eussent été convoqués pour venir
sanctionner les lois déjà faites par le conseil
d'État ; les autres pairs auraient attendu leur tour
que le roi seul aurait eu le droit de désigner pour
chaque session. Pour la pressé, il devait y avoir
un comité permanent composé du président du

conseil des ministres, du ministre de l'intérieur, du chancelier président de la chambre des pairs, de trois pairs de France, et des présidents de toutes les cours et tribunaux du département de la Seine; le nombre et les attributions des ministres étaient les mêmes. Le roi remercia ces messieurs, auxquels succéda dans l'ordre des réceptions, M. le maréchal Masséna, qui supplia Louis XVIII de faire son entrée dans Paris avec la cocarde tricolore. Le roi répondit en fermant les yeux et en repoussant la cocarde et le conseiller. Enfin arriva le duc d'Otrante qui fut parfaitement accueilli, et conseilla au roi de faire ce qui lui ferait le plus de plaisir.

Le roi entra dans Paris le 8 juillet 1815; il fut reçu par M. le préfet, par les maires et un grand nombre d'employés de toutes les administrations, qui avaient abandonné leur service au 20 mars, ainsi que par plusieurs officiers généraux; tous les corps de l'État vinrent complimenter le roi, qui reçut bien tout le monde; la bourgeoisie garda d'abord quelque réserve, mais elle fut bientôt rassurée quand elle sut que Louis XVIII n'avait pas laissé sa charte à Gand; qu'ainsi il n'y aurait ni contre-révolution, ni retour sur la vente des biens nationaux, deux points qui ont toujours formé la grande question pour la classe moyenne, et certes les Bourbons n'ont jamais donné le moindre motif de se plaindre pour cet objet.

Chacun accueillit de son mieux les officiers des
armées alliées, dont plusieurs étaient d'anciennes
connaisances; on eût bien préféré les recevoir en
voyageurs, car c'est une chose bien déplorable de
voir l'ennemi assis au foyer domestique, de l'entendre commander en maître, et parler haut, pendant
qu'il est assis à la table de la famille, des victoires
qui l'ont conduit où il se trouve; de le voir mal-
traiter les gens de la maison, et insulter les
femmes par une grossière galanterie. L'opinion
politique rendit cette situation moins pénible pour
un grand nombre de Parisiens, qui ne voyaient
que le retour, tant désiré par eux, des Bourbons.

La masse se résigna bientôt, quand elle fut certaine que tout s'arrangerait avec de l'argent, chose
qui n'afflige jamais les parisiens, parce qu'ils y
trouvent toujours leur profit. En effet c'est alors que
se sont faites ces grandes fortunes à millions sur
les emprunts publics, sur les opérations de banque. Les liquidations, les articles de consommation
en particulier procurèrent des bénéfices bien plus
grands, et créèrent bien d'autres fortunes qu'à la
première occupation; les monarques étrangers ne
se montraient pas avec la même affabilité que la
première fois. Les officiers généraux étaients plus
exigeants; les diplomates ne s'expliquaient pas sur

les projets de la coalition ; enfin le coup terrible
fut porté et les conditions de la paix tombèrent
comme un coup de foudre sur la malheureuse
France ! elle fut forcée de souffrir une occupation
de plusieurs années par les troupes ennemies, ac-
cablée sous le poids de contributions, elle dût faire
droit à d'anciennes réclamations, oubliées à la première invasion. Les objets d'art qu'on nous avait
laissés en 1814 étaient des trophées de nos victoires
et une insulte aux alliés, ils nous furent enlevés.

Louis XVIII voulut que toutes les dettes de
l'empire, même celles faites dans les Cent-Jours,
fussent payées. On alla déterrer d'anciennes créances de la république et de l'empire qui avaient été
cent fois repoussées, et qui furent portées sur le
grand-livre devenu de jour en jour plus colossal.
Eh bien ! les ressources de la France sont si
grandes que la rente qui était à cinquante pour
cent le jour de la rentrée du roi, dépassait le pair
quand il est mort, c'est-à-dire dans moins de
dix ans.

Ce fut sous ce règne que commencèrent ces
grandes spéculations sur les terrains, où il a été
fait de si nombreuses fortunes et où tant de spéculateurs se sont ruinés.

Louis XVIII et sa famille continuèrent à recevoir froidement les fonctionnaires civils, et encore
plus mal les militaires qui avaient pris du servic

9

pendant les Cent-Jours ; aucune excuse n'était admise. Les absolutistes firent des efforts surhumains auprès des monarques étrangers, des diplomates les plus influents, et des généraux en chef commandant les armées alliées, afin qu'ils déterminassent Louis XVIII à renoncer à sa charte : ils obtinrent un résultat bien opposé à leurs démarches et à leurs vœux, comme on va le voir par le fragment d'une lettre d'adieux, adressée le 20 novembre 1815, par les ministres des quatre cours réunies à M. le duc de Richelieu.

« Loin de craindre que S. M. T. C. prête ja-
» mais l'oreille à des conseils imprudents ou pas-
» sionnés, tendant à nourrir les mécontentements,
» à renouveler les alarmes, à ranimer les haines
» et les divisions, les cabinets alliés sont complé-
» tement rassurés par les dispositions généreuses
» que le roi a annoncées dans toutes les époques
» de son règne, et notamment à celle de son re-
» tour, après le dernier attentat criminel. Ils sa-
» vent que S. M. opposera à tous les ennemis du
» bien public et de la tranquillité de son royaume,
» sous quelque forme qu'ils puissent se présenter,
» son attachement aux lois *constitutionnelles* pro-
» mulguées sous ses propres auspices, sa volonté
» bien prononcée d'être le père de tous ses sujets,
» sans distinction de classe, ni de religion, d'ef-
» facer jusqu'au souvenir des maux qu'ils ont

» soufferts , et de ne conserver des temps passés
» que le bien que la Providence a fait sortir du
» sein même des calamités publiques. Ce n'est
» qu'ainsi que les vœux formés par les cabinets
» alliés pour la conservation de l'autorité consti-
» tutionnelle de S. M. T. C. pour le bonheur de
» son pays et pour le maintien de la paix du mon-
» de , seront couronnés d'un succès complet , et
» que la France rétablie sur ses anciennes bases ,
» reprendra la place imminente à laquelle elle est
» appelée dans le système européen.

    » Les soussignés ont l'honneur de réitérer à
» son Excellence M. le duc de Richelieu , les as-
» surances de leur haute considération.

    » Paris, ce 20 novembre 1815.

    » Signé Metternich, Castlereagh, Hardenberg,
Capo-d'Istria. »

    Comme on le voit les souverains alliés avaient
reconnu la nécessité de laisser à la France la forme
du gouvernement constitutionnel. Louis XVIII
mourut le 16 septembre 1824. Charles X lui succéda, il était aimé des Parisiens, qui se rappelaient
sa brillante jeunesse : le peuple qui exige tant de
vertus et de réserve dans une princesse, n'est pas
fâché de voir un prince aimant les plaisirs.

    Charles X enchanta tous les cœurs par la ma-
nière gracieuse avec laquelle il reçut toutes les

personnes qui lui furent présentées ; il déclara
aux ambassadeurs étrangers et à tous les corps
de l'Etat que sa seule ambition était de continuer
la règne de son frère, de maintenir les institutions
qu'il avait créées. Depuis longtemps on n'avait
pas vu un roi à cheval dans les rues de Paris ; partout le nouveau roi fut accueilli avec de grandes
démonstrations de joie; mais les figures commencèrent à s'allonger quand on parla du milliard
d'indemnité à accorder aux héritiers des condamnés pour les biens-fonds confisqués et vendus au
profit de l'Etat, en vertu des lois sur les émigrés, les
condamnés et les déportés. Cette loi d'indemnité,
bien que juste dans son principe, fut mal accueillie
par les députés libéraux qui étaient avides de trouver des occasions de blâmer le gouvernement dans
tout ce qu'il faisait et à lui susciter des ennemis.

Le roi fut sacré à Reims avec la solemnité et
toutes les pompeuses cérémonies usitées dans de
pareilles fêtes; le sacre d'un roi est un grand événement dans son règne; le prince vient au pied des
autels faire alliance avec le peuple ; Charles X jura
de maintenir les institutions qui régissaient son
royaume (1).

(1) *Serment du sacre.*
En présence de Dieu je promets à mon peuple de maintenir et
d'honorer notre sainte religion, comme il appartient au roi très-
chrétien et au fils aîné de l'Église, de rendre bonne justice à tous

On a dit à la louange des partis, que pendant ces touchantes solennités, toutes les nuances d'opinions s'étaient effacées, confondues dans un même sentiment ; pendant quinze jours en effet la joie populaire ne fut point attristée par des querelles politiques, les déclamations de la presse et de la tribune furent momentanément suspendues.

La suppression de la garde nationale fut une faute capitale, si le roi avait à s'en plaindre il ne devait la dissoudre que pour la reformer sur de nouvelles bases, ou aurait dû la rétablir trois mois après, en ne la composant que de propriétaires et de gens établis. Le gouvernement de Charles X devait savoir que Napoléon s'était bien repenti d'avoir fait la même sottise.

Il fut fait une grande réforme dans les officiers généraux; ils ne sont pas riches, et cette économie mal entendue qui n'était que de quelques centaines de mille francs pour le trésor, mécontenta beaucoup l'armée; l'avancement était devenu difficile, et quoique les plaintes qui s'élevèrent ne fussent pas aussi fondées qu'on voulait le persuader, l'opinion publique les accueillit, et en France il n'en faut pas davantage. Charles X pensait que son frère avait fait beaucoup trop de concessions

mes sujets, enfin de gouverner conformément aux lois du royaume et à la Charte constitutionnelle, que je jure d'observer fidèlement ; qu'ainsi Dieu me soit en aide et les saints Évangiles.

à la révolution, et qu'il était de sa dignité de res-
saisir le pouvoir afin de le transmettre à sa famille
dans une forme qui offrit moins de danger. On
aurait voulu que la bourgeoisie cédât, mais elle se
sentait trop forte, la noblesse lui aurait fait volon
tiers le sacrifice de certaines parties de l'administration, pourvu que le pouvoir exécutif émanât
d'elle : la noblesse aurait voulu primer sur tout
le corps électoral. Afin de participer à la prépon-
dérance déjà acquise par la bourgeoisie proprié-
taire; un grand nombre de nobles avaient réuni
les débris de leur fortune pour en acheter des
terres; ils avaient commencé à s'identifier au gouvernement constitutionnel, à son esprit et à ses
formes; ils exercèrent ainsi, pendant la restauration, une grande influence sur les élections, parce
que longtemps le parti de l'opposition fut d'une
faiblesse extrême, les propriétaires des départements avaient conservé le souvenir des deux invasions, ils étaient toujours frappés de la crainte
de voir revenir les étrangers.

L'opposition veillait sans cesse. Il se forma des
sociétés où se firent inscrire des personnes distin-
guées par leur mérite et leur fortune, la banque,
le haut commerce, tout ce qui tenait à l'industrie; la plupart de ces maisons avaient des commis
qui parcouraient la France dans tous les sens pour
les affaires de leur commerce, prêchant sans

aucune gêne les doctrines les plus patriotiques.
On aurait eu honte de se dire royaliste à une table
d'hôte, aux spectacles ou dans une diligence. Qu'attendaient tous ces mécontents? l'opportunité d'une
circonstance favorable, une grosse maladresse des
gouvernants; les ordonnances de juillet les servirent au-delà de leurs espérances.

Le mouvement industriel était dans un état
progressif qui rendait inutile la protection ou les
encouragement du gouvernement; la prudence
même exigeait que des spéculateurs trop hardis,
souvent de mauvaise foi, fussent contenus afin
qu'ils n'entraînassent pas les particuliers dans de
fausses entreprises. Comme on voulait trouver des
torts au gouvernement, on l'accusa d'entraver
l'industrie; cependant ce fut l'époque de l'accroissement prodigieux des ouvriers à Paris, le
prix des journées avait doublé. Il est bien
fâcheux de dire que leurs familles n'en étaient
pas plus heureuses; on voyait les ouvriers se
livrer au jeu, à la bonne chère, et à toutes sortes
de dissipations; leurs femmes étaient obligées les
jours de paye de rester en sentinelles à la porte du
bourgeois, afin d'obtenir quelque argent sur le
salaire de leurs maris, pour se nourrir elles et
leurs enfants. Ce fut l'époque des conceptions les
plus absurdes. Une compagnie proposa sérieusement d'abattre toutes les maisons de Paris pour

faire une nouvelle ville ; on ne demandait rien aux propriétaires que d'être privés pendant un certain temps d'une partie de leurs locations. Cette prospérité fabuleuse n'avait pas de causes équivalentes, elle devait mal finir pour ces spéculateurs imprudents ; ce n'était pas le tout de construire des maisons, il fallait trouver à les vendre, à les louer au moins.

Les matériaux et les terrains étaient tellement augmentés, que toutes les constructions cessèrent à la fois ; les ouvriers toujours sans prévoyance n'avaient pas d'argent pour s'en retourner chez eux. On aurait dû imiter les gouvernements précédents, donner du travail à ceux de Paris et de l'argent aux étrangers afin qu'ils pussent en partir ; on ne fit rien, et ces mêmes ouvriers qui étaient affamés, devinrent des auxiliaires bien dangereux à la révolution de juillet. Nous sortions d'un hiver rude et prolongé, outre la construction des maisons, beaucoup d'autres industries souffraient et les ouvriers étaient congédiés ; la cherté du pain avait beaucoup aggravé la position ordinairement si précaire de la classe ouvrière ; on aurait dû profiter de l'enthousiasme qu'avait produit la conquête d'Alger pour débarrasser Paris de vingt à trente mille personnes ; il sembla au contraire que cette victoire acheva de tourner toutes les têtes, et enhardit les plus timides. Ce ne fut pas le défaut de bons avis qui laissa commettre les fautes ; la chambre des pairs dans sa réponse au discours du trône pour la session de 1850, avait pris pour la première fois la liberté d'y insérer une espèce de leçon et un blâme sévère sous les formes du dévouement le plus respectueux. Elle repoussait d'une manière explicite la possibilité des coups d'état, *et donnait clairement à entendre que de telles mesures n'auraient jamais son assentiment.*

La révolution de 1850 fut le triomphe de la bourgeoisie sur la noblesse ; le peuple marcha avec une grande résolution sous les ordres de ceux qu'il était habitué à regarder comme ses chefs de file ; on emprunta des grands noms du parti libéral sans que les personnes qui les portaient eussent été consultées ; le peuple se battait, mais il ne s'organisait pas ; quelques députés se réunirent sous le feu du canon de la garde royale, le nom du général Lafayette, et plus que tout, la vue du drapeau tricolore, électrisèrent toute la population qui osa attaquer la garde royale et la vainquit. Les députés qui étaient à Paris ou aux environs se réunirent, mais le mouvement commencé rien n'aurait pu l'arrêter, et MM. les députés qui allèrent parlementer aux Tuileries auprès des ministres de Charles X, auraient été dans l'impossibilité de tenir la parole qu'ils donnaient de faire rentrer le peuple dans l'obéissance.

Toute la France avait bien jugé que Monseigneur le duc d'Orléans ne partageait pas toujours dans les affaires du gouvernement l'opinion de son auguste famille; mais on ne sait pas assez combien est grand dans une famille souveraine le respect imposé à chacun de ses membres pour celui qui occupe le trône; là, il n'y a point de délibération, tout est soumis à une volonté suprême; chacun ne doit prendre la parole que lorsqu'il est interrogé, n'est admis dans le conseil que lorsque le chef de l'État le juge convenable. Un mot, un geste deviennent un signe de désobéissance. Cependant dans les circonstances difficiles, il semble que l'intérêt de la maison souveraine devrait faire un devoir à son chef d'en consulter tous les membres, et dans l'occasion dont nous parlons il s'agissait, non-seulement du sort de la dynastie, mais encore de celui de la patrie. Peut-être l'avis d'un prince du sang, s'il eût été pris, aurait-il balancé celui de conseillers imprudents.

Quand pour le repos et le bonheur des nations la Providence établit l'hérédité du pouvoir suprême dans une famille, elle n'isole point sur une seule tête l'exercice de ce pouvoir, car ce serait alors de l'autocratie et l'hérédité serait compromise dans les grandes déterminations; le roi est évidemment comptable envers les siens du préjudice qu'il peut leur porter par son imprudence. On a reproché à Monseigneur le duc d'Orléans de ne pas s'être rendu, le mardi 28 juillet au château de Saint-Cloud, pour s'y réunir à son auguste famille. Soyons de bonne foi, était-il prudent à ce prince d'en agir ainsi? Ce n'est pas certes qu'il eût rien à redouter de la part des princes de la branche aînée, ils étaient au-dessus du soupçon; mais Monseigneur le duc d'Orléans devait savoir mieux qu'un autre combien le zèle d'un fanatique pouvait devenir dangereux pour sa personne, et qu'un coup parti d'une main ennemie pouvait répandre un crêpe funèbre sur sa maison. Il fit ce qu'il devait en se portant au milieu de la tempête, et il y avait du courage dans cette action; sa première pensée comme on l'a vu dans la conversation qu'il eut avec M. le duc de Mortemart, fut un refus formel d'accepter le trône qui lui était offert; mais les événements avaient grandi ils étaient devenus plus forts que sa volonté. Quand on exposa au prince la situation de la France et de Paris, il dut reconnaître que le retour de la branche aînée était impossible, et qu'à son refus le gouvernement provisoire serait forcé de proclamer la république. On lui fit voir dans les cours de son palais l'avant-garde composée de Rouennais qui devait être suivie avant huit jours de plus de cent mille

hommes des départements les plus voisins, qui
s'étaient ébranlés à la nouvelle de la révolution et
marchaient sur Paris, afin d'aider les insurgés et
de fraterniser avec eux ; mais quand les vainqueurs
auraient montré aux braves des départements
ces trophés enlevés à la garde royale, cet Hôtel-
de-Ville, ce Louvre, ce palais des Tuileries
pris d'assaut, ce trône souillé par des enfants
comme pour insulter à la puissance suprème, les
honneurs rendus à ceux qui s'étaient distingués
par leur intrépidité, il est douteux que les événements eussent pris une tournure aussi pacifique
que nous l'avons vu.

Si malgré tant de raisons expliquées avec clarté
par MM. les députés, et les hommes les plus influents par leur mérite et leur patriotisme, Monseigneur le duc d'Orléans avait persisté dans sa résistance et qu'il eût voulu n'être que régent du
royaume, peut-on penser que l'insurrection eût été
finie ainsi et que ce prince, en qualité de lieute-
nant-général n'aurait eu qu'à faire le lendemain
son entrée dans Paris, ayant à sa droite Monseigneur le duc de Bordeaux, devenu Henri V? Mais
il faut être resté étranger à toutes les circonstances
de ce terrible drame, pour concevoir une pareille
opinion. Le duc d'Orléans n'avait point d'autre
alternative que de monter sur le trône et de faire
passer la couronne dans sa maison, ou de sortir du

Palais-Royal à travers l'insurrection armée et les barrières occupées par les insurgés, pour unir son sort à celui de la branche aînée déchue du pouvoir souverain par sa faute. Une raison immense a dû déterminer Monseigneur le duc d'Orléans : d'après certains ordres donnés et des correspondances interceptées, on apprit que des officiers généraux engageaient fortement Charles X à se diriger sur la Vendée qui aurait servi de point de ralliement à tous les partisans des princes expulsés par la nation. Eh bien ! fallait-il que Monseigneur le duc d'Orléans allât guerroyer avec ses enfants sur cet ancien théâtre de nos guerres civiles. La voix de la patrie étouffa tout autre sentiment, et ce prince eut le courage d'accepter la couronne ; dès-lors, la révolution de 1830 fut finie ; dès-lors, tous les pouvoirs de l'État se groupèrent autour du nouveau roi, et imitèrent son grand dévouement. Le peuple de Paris fut pendant ces trois jours intrépide, grand et généreux; les soldats de la garde royale blessés étaient recueillis avec empressement par les voisins, dans les boutiques des artisans, dans les maisons bourgeoises ; ils étaient pansés par la famille, et recevaient les premiers secours de ces mêmes citoyens qu'ils venaient de combattre ; on les conduisait ensuite à l'hospice le plus prochain sans qu'ils reçussent aucune insulte. Il semblait au

contraire qu'on voulait par un sentiment de
pitié, consoler ces militaires de leur humiliation ;
des ordres furent donnés partout afin de faire
rétrograder les dangereux auxiliaires dont nous
avons parlé, et qui étaient en route.

Le duc d'Orléans, en acceptant la couronne,
remplit son premier devoir, il sauva la patrie de la
guerre civile et de l'anarchie ; il remplit aussi le devoir d'un parent courageux, en étendant sa main
protectrice sur la tête des augustes proscrits et en
assurant leur retraite. Ce qu'on ne sait pas dans
toute la France et que l'on pourrait apprendre
dans les localités que parcourut ce triste cortége,
la famille royale courut des dangers ; on entendit
proférer des paroles menaçantes, et cet *axiome* avancé
à la tribune de la Convention fut rappelé plus d'une
fois (il n'y a que les morts qui ne reviennent pas).
Enfin, Louis-Philippe s'est montré un grand roi
en évitant à l'Europe une guerre terrible dont
personne ne pouvait prévoir le résultat.

Quand on songe à tout ce que nous avons
vu depuis ces dix dernières années, à toutes ces
émeutes, à tous ces combats des rues, à la polé-
mique des journaux, aux maximes subversives
hautement professées, aux luttes régulièrement
organisées dans les sociétés secrètes, aux conspirations d'assassins, aux efforts faits par les partis
pour égarer le peuple ; quand on se représente le

volcan révolutionnaire vomissant ses laves sur
toutes les parties du territoire français, on de-
meure frappé d'étonnement que la paix ait été
maintenue, l'ordre public conservé, le gouvernement constitutionnel raffermi.

Quel beau triomphe, quelle immense renom-
mée aura dans l'avenir cette époque de nos an
nales! Pendant les luttes acharnées des partis, ce
cahos d'opinions de toutes couleurs de 1830 à 1841,
dans ces dix années, il a été exécuté en France
d'immenses travaux : les rivières ont été couvertes de ponts; il a été ouvert de nouvelles
routes; la navigation fluviale a été améliorée; de
longues lignes de canaux ont été achevés; des
bassins pour la navigation maritime ont été
creusés; des travaux de toute nature exécutés dans
les ports; notre flotte a été augmentée de plusieurs vaisseaux et frégates; des paquebots à va-
peur ont été établis entre Marseille et le Levant;
de nouveaux sont mis en construction pour
voyager sur l'Atlantique; Paris s'est embelli de
plus d'édifices, enrichi de plus de constructions
utiles et la prospérité nationale a pris plus de développement que pendant tout le siècle dernier;
les travaux publics commencés depuis un demi
siècle ont été achevés; des ponts nouveaux, des
quais, des fontaines, des aqueducs, les trottoirs,
l'éclairage, des sociétés de charité ou d'utilité

publique présidées, encouragées par les princes et
les princesses de la famille royale.

La rente 5 p. 100 est à 114, et cela après
l'annonce d'un emprunt considérable, et la confiance est telle que deux entreprises colossales, les
chemins de fer de Paris au Havre et celui de
Paris à Bruxelles s'organisent ; les recettes publiques ont considérablement augmenté, et nos
exportations ont excédé en 1840 celles de 1830
de plus de deux cent millions.

En arrivant à Paris par les Champs-Élysées,
quel aspect offre au voyageur cet arc de triomphe,
dont il semblait que la construction, comme celle
des églises du moyen-âge, dût occuper plusieurs
générations ; ce n'est que depuis juillet 1830 qu'il
a été achevé, et l'on y aperçoit toujours des citoyens empressés d'y lire les noms des grands
hommes de guerre qui ont conduit avec tant de
gloire les armées françaises dans toutes les parties
du monde.

On admire la place de la Concorde ; quelle
transformation subite! Sont-ce les hiéroglyphes
de l'obélisque enlevé à la gloire des Sésostris qui
nous expliqueront les prodiges qui nous en-
vironnent? A gauche de la place, s'achève un
temple dans des proportions merveilleuses où
les progrès du christianisme sont jalonnés par

les statues des grands hommes qui ont successivement développé la pensée chrétienne, où les progrès de l'art se déroulent dans des peintures aussi
grandes de composition que d'exécution , tandis
qu'en face de la basilique chrétienne la liberté
moderne vient de réédifier son temple , de le dé-
corer de tous ses souvenirs de gloire , auxquels la
statuaire et la peinture française ont ajouté une
autre immortalité. Les Tuileries se sont ornées de
nouveaux chefs-d'œuvre qui ne déparent pas les
ouvrages de nos grands sculpteurs qui les ont
précédés dans le palais de Louis le Grand.

Qu'elle fut grandiose, la pensée du musée de
Versailles! Quelle heureuse inspiration de réunir
par ordre de dates , des séries de tableaux et de
sculptures des temps écoulés, de manière à en
représenter l'histoire simultanément avec celle de
l'art, et de faire exécuter des tableaux par les meilleurs peintres, afin de remplir les lacunes.

Le musée de Versailles fait sentir combien peu
l'histoire était comprise avant sa fondation. Là
nous ne voyons pas seulement représentés les
événements, nous voyons encore quels étaient dans
la philosophie, l'art, la science, la politique, la
guerre, les hommes d'élite contemporains de ces
événements; nous les voyons avec l'expression
que leur pensée dominante avait imprimée à

leurs traits dans l'action où ils sont représentés, avec le costume que leur imposait la mode de l'époque. Que de poésie, que de vie dans cette simultanéité !

L'art éclaire les événements d'un nouveau jour ; il les unit aux mœurs, aux usages et à la pensée dominante ; l'histoire moderne en Europe représente deux grandes périodes : la première se termine avec la renaissance, la seconde à la révolution de juillet, et Louis-Philippe aura la gloire d'y attacher son nom , comme l'ont fait Léon X, les Médicis et François 1er pour les siècles passés.

Nous convenons que les intérêts matériels sont en progrès, nous dirontles ennemis de la révolution de 1789, et qui se montrent aussi opposés à celle de 1830 : dites-nous, s'il vous plaît, qu'est-il resté de toutes ces pompeuses déclamations du xviiie siècle, de ces brillantes théories, de ces systèmes spéciaux, de cette présomptueuse philosophie qui a voulu tout renverser pour tout reconstruire, et n'a encore rien édifié ? La révolution française a t-elle procuré à l'homme plus de bonheur, plus de repos, plus de plaisir? Son état en général est-il meilleur? Nous répondrons: Oui, puisque le peuple a gagné :

1° La liberté religieuse, qui permet à chacun de prier son Dieu comme il l'entend , sans être

privé de ses droits de citoyen et de pouvoir as-
pirer, suivant ses talents, à tous les emplois civils
et militaires; en un mot, la liberté de l'homme
et celle du citoyen ;

2° La liberté civile, c'est-à-dire le droit que la
société doit garantir à chaque citoyen de pouvoir
faire tout ce qui n'est pas contraire aux lois du
pays ;

3° La liberté politique, qui est l'état d'une
nation associée en partie à la législation en pre-
nant part au gouvernement;

4° L'égalité devant la loi, qui rend impossible
tout acte arbitraire de la part d'un individu au
préjudice d'un autre.

Y a-t-il un homme en France qui puisse dire
que depuis le règne de Louis-Philippe nous ne
jouissions pas de tous les avantages que nous venons d'énumérer? Qu'est-ce qu'un demi-siècle
pour arriver à de tels bienfaits, qui doivent avoir
tant d'influence sur la grande famille humaine?
Tous les pas vers ce qui est le plus raisonnable et
le plus sage doivent être graduels comme le veut
la loi d'humanité. C'est à notre caractère trop vif
et trop impatient que l'on doit attribuer les mal-
heurs de la révolution française; ainsi, pour que
l'expérience ne soit pas inutile, il ne faut pas

avoir la fausse honte de ne pas revenir sur des
institutions, sur des lois même faites avec trop de
légèreté ; c'est que les innovations peuvent seules
réussir, qui sont les conséquences immédiates de
ce que le temps a consacré. Depuis le 18 brumaire jusqu'à présent, les divers gouvernements
qui se sont succédés en France se sont trouvés dans
la nécessité de débarrasser le pays d'un grand
nombre de changements que lui avait imposés la
force révolutionnaire.

Nous ne cesserons de le répéter, c'est graduellement que les améliorations s'opèrent ; il n'est
pas de transformation intégrale qui ait jamais eu
lieu subitement; à la suite de ces grandes révolu-
tions nous voyons tous les peuples rentrer dans
leur voie accoutumée, et ces changements seuls
subsister, auxquels les usages, les coutumes et les
mœurs publiques avaient donné un commencement d'existence.

Si la révolution de 1830 n'a été que la suite et
le complément de celle de 1789, on doit s'attendre à des événements non moins grands, mais d'une
autre nature que ceux que nous avons vus ; la première période attaquait les intérêts, elle fut aussi
toute de résistance ; la seconde doit être de progrès, de civilisation et de paix. Cet avenir si flat-

teur est entièrement à la disposition des souverains
de l'Europe, et il faut, pour rendre hommage
à la vérité, convenir que tous les princes
qui occupent les divers trônes de l'Europe dans
ce moment, possèdent au plus haut degré toutes
les vertus, toutes les qualités qu'il faut pour
marcher dans la voie de l'amélioration et du per-
fectionnement, et qui doivent finir par répandre
le plus de bonheur sur leurs sujets; plus haut
placés que le vulgaire, ils jugent des dangers
qu'entraîne la nouveauté, et agissent avec cir-
conspection. Il est vrai que, dès qu'un gouvernement ne pense pas comme lui, le public devient
injuste, se plaint hautement d'une modération
dont, plus tard, il apprécie les motifs. Les souverains de l'Europe reconnaîtront qu'il y aurait
folie à eux de se faire la guerre pour des petits
intérêts, pour la défense ou la conquête de quelques lopins de terre, tandis que les barrières qui
nous séparaient du monde oriental où il se trouve
des royaumes à conquérir, des nations entières
à civiliser, sont renversées. Dans cette grande
époque, la France la première a pris la place
qui lui convenait en faisant la conquête d'Alger;
mais tel est le caractère impatient de notre nation,
qu'elle voudrait, après dix ans de possession,
jouir en paix d'une conquête qui demande un
demi-siècle de sacrifices d'argent et d'hommes.

www.ingramcontent.com/pod-product-compliance
Lightning Source LLC
Chambersburg PA
CBHW050021100426

42739CB00011B/2740